SUSTENTABILIDADE E GESTÃO

Universidade Estadual de Campinas

Reitor
Antonio José de Almeida Meirelles

Coordenadora Geral da Universidade
Maria Luiza Moretti

Conselho Editorial

Presidente
Edwiges Maria Morato

Carlos Raul Etulain – Cicero Romão Resende de Araujo
Frederico Augusto Garcia Fernandes – Iara Beleli
Marco Aurélio Cremasco – Maria Tereza Duarte Paes
Pedro Cunha de Holanda – Sávio Machado Cavalcante
Verónica Andrea González López

Rosley Anholon
Gustavo H. Salati M. de Moraes
(org.)

SUSTENTABILIDADE E GESTÃO

Editora UNICAMP

FICHA CATALOGRÁFICA ELABORADA PELO
SISTEMA DE BIBLIOTECAS DA UNICAMP
DIVISÃO DE TRATAMENTO DA INFORMAÇÃO
Bibliotecária: Maria Lúcia Nery Dutra de Castro – CRB-8ª / 1724

Su82   Sustentabilidade e gestão / organizadores: Rosley Anholon e Gustavo Hermínio Salati Marcondes de Moraes. – Campinas, SP : Editora da Unicamp, 2023.

1. Sustentabilidade. 2. Gestão. 3. Administração. 4. Empreendedorismo. 5. Economia. I. Anholon, Rosley. II. Moraes, Gustavo Hermínio Salati Marcondes de. III. Título.

CDD – 333.7
– 658.404
– 658
– 338.04
– 330

ISBN: 978-85-268-1606-0

Copyright © by Rosley Anholon e Gustavo Hermínio Salati Marcondes de Moraes
Copyright © 2023 by Editora da Unicamp

Opiniões, hipóteses e conclusões ou recomendações expressas neste livro são de responsabilidade dos autores e não necessariamente refletem a visão da Editora da Unicamp.

Direitos reservados e protegidos pela lei 9.610 de 19.2.1998.
É proibida a reprodução total ou parcial sem autorização, por escrito, dos detentores dos direitos.

Foi feito o depósito legal.

Direitos reservados a
Editora da Unicamp
Rua Sérgio Buarque de Holanda, 421 – 3º andar
Campus Unicamp
CEP 13083-859 – Campinas – SP – Brasil
Tel./Fax: (19) 3521-7718 / 7728
www.editoraunicamp.com.br – vendas@editora.unicamp.br

SUMÁRIO

APRESENTAÇÃO 7

1. EVOLUÇÃO HISTÓRICA DAS RELAÇÕES ENTRE TECNOLOGIA,
   INOVAÇÃO E SUSTENTABILIDADE 13
   Adriana Bin e *Gustavo Hermínio Salati Marcondes de Moraes*

2. SUSTENTABILIDADE VISTA A PARTIR DA TEORIA DA
   COMPLEXIDADE 27
   Tiago Fonseca Albuquerque Cavalcanti Sigahi, Rosley Anholon e
   Jefferson de Souza Pinto

3. ECOSSISTEMA EMPREENDEDOR E SUSTENTABILIDADE 37
   Gustavo Hermínio Salati Marcondes de Moraes e Adriana Bin

4. A ECONOMIA CIRCULAR E A INTEGRAÇÃO DAS CADEIAS
   DE SUPRIMENTOS 49
   Paulo Sérgio de Arruda Ignácio e *Izabela Simon Rampasso*

5. A SUSTENTABILIDADE EMPRESARIAL 63
   Rosley Anholon, Gustavo Hermínio Salati Marcondes de Moraes e
   Marco Antonio Figueiredo Milani Filho

6. Sistema produto-serviço e sustentabilidade 79
   Tiago Fonseca Albuquerque Cavalcanti Sigahi,
   Izabela Simon Rampasso e *Rosley Anholon*

7. Projetos de mecanismos de desenvolvimento limpo 85
   Antônio Carlos Pacagnella Júnior

8. Papel das universidades na formação dos
   profissionais alinhados aos ODS 99
   Lucas Veiga Ávila, Daniel Henrique Dario Capitani e
   Muriel de Oliveira Gavira

9. Universidades empreendedoras e a
   sustentabilidade: o caso da Unicamp 125
   Bruno Brandão Fischer, Paola Rücker Schaeffer, José Guimón e
   Maribel Guerrero

10. Liderança sustentável espiritualizada 141
    Paulo Hayashi Jr.

Considerações finais 157

Referências 161

Sobre os autores 195

APRESENTAÇÃO

Cada vez mais o modelo de desenvolvimento sustentável se evidencia como a única alternativa para o futuro da humanidade. O conceito que há décadas era estritamente associado a questões ambientais de viés quase que puramente técnico foi amplamente expandido e atualmente contempla várias outras temáticas de suma importância em diferentes frentes.

Que fique claro que a questão ambiental continua sendo de fundamental relevância para o tema, afinal, a humanidade utiliza os recursos naturais além da capacidade regenerativa do planeta e polui a atmosfera, os oceanos e os solos sem se dar conta das consequências disso para o futuro (talvez "esse futuro" esteja mais próximo do que muitos acreditam); mas devemos enfatizar também o quanto ganhamos em termos de debates quando incluímos nas discussões do desenvolvimento sustentável as problemáticas sociais, como a necessidade de apoiar os grupos vulneráveis, a igualdade de gênero, a criação de trabalho decente, a promoção da educação de qualidade, a erradicação da pobreza, entre tantos outros temas.

Os 17 Objetivos de Desenvolvimento Sustentável (ODS) difundidos pela Organização das Nações Unidas (ONU) em 2015 muito contribuem para os aspectos supracitados, por mais que alguns pesquisadores e profissionais ainda apontem pequenas oportunidades de melhorias a serem feitas neles; de forma geral, os Objetivos cumprem uma importante função no sentido de apresentar múltiplas temáticas relevantes para o debate sobre desenvolvimento sustentável e por envolver diferentes atores da sociedade na questão. Cabe aí outra consideração importante: alcançar o desenvolvimento sustentável é dever de todos – do governo, das empresas, das universidades, das comunidades, de todas as entidades, sendo necessário chegar ao nível do indivíduo, para que cada um compreenda sua importância para algo maior que si mesmo.

Os autores deste livro acreditam muito neste último aspecto, de que é imprescindível que cada indivíduo compreenda sua importância para o desenvolvimento sustentável. Nesse sentido, reúnem-se nesta obra conceitos, dados e análises sobre tópicos importantes para universidades, empresas, gestores e pesquisadores que desejam atuar na promoção de práticas e sistemas de gestão incorporando aspectos da sustentabilidade em suas ações. Nota-se que a grande maioria das pessoas, quando lida com a sustentabilidade e com a gestão em diferentes tipos de organizações, o faz de maneira não integrada, impossibilitando resultados verdadeiros e ganhos sinérgicos.

Levando em conta a experiência dos autores nas áreas de sustentabilidade e gestão, esta obra foi organizada visando contribuir para a formação de estudantes e demais interessados nesses temas. A estrutura do livro foi cuidadosamente pensada de forma a proporcionar uma lógica evolutiva do pensamento e, assim, a evolução do aprendizado. Não tem, de modo algum, a pretensão de esgotar os temas relacionados a sustentabilidade e gestão, dadas a magnitude e a multidisciplinaridade existentes nesse campo. Tendo isso em vista, este livro é constituído por dez capítulos que abordam temas diversos de sustentabilidade e gestão e uma seção de considerações finais.

O capítulo I apresenta a evolução histórica do conceito de sustentabilidade, correlacionando-a aos aspectos de tecnologia e inovação, cada vez mais indispensáveis para a gestão. Nesse percurso evolutivo, os autores abordam o surgimento dos debates sobre degradação ambiental, a emergência do movimento ambientalista e o estabelecimento da definição de *desenvolvimento sustentável* na década de 1980. Além disso, são discutidas as dificuldades de integrar a proteção ambiental no desenvolvimento tecnológico e a evolução dos conceitos de tecnologias limpas, inovações verdes e ecoinovação. Tais aspectos abrem caminho para uma visão ampla e diversificada sobre sustentabilidade e gestão, indicando a necessidade de conceitos capazes de fornecer uma perspectiva sistêmica sobre desenvolvimento sustentável.

O capítulo 2 apresenta ao leitor a sustentabilidade do ponto de vista da teoria da complexidade, cuja ideia central é a de que os problemas (reais) de sustentabilidade não podem ser tratados de forma isolada, com recortes específicos e abordagens simplistas; precisam ser construídos, compreendidos e debatidos a partir de uma perspectiva integradora e multidisciplinar. As questões de sustentabilidade são caracterizadas como sistemas complexos devido à dificuldade de definição do problema, à inexistência de respostas "certas ou erradas" e às mudanças constantes nas condições e soluções. A pandemia da covid-19 é utilizada para ilustrar tais ideias, evidenciando como vários sistemas e ODS foram afetados direta e indiretamente. Os autores argumentam que lidar com problemas complexos requer uma mudança paradigmática na maneira de pensar, passando de uma abordagem reducionista e simplificadora para uma abordagem sistêmica e complexa. A teoria da complexidade, utilizada como lente teórica, enfatiza a importância dos princípios sistêmicos e sua aplicabilidade em questões do desenvolvimento sustentável, motivando o avanço da discussão sobre sistemas nas áreas de gestão e sustentabilidade.

O capítulo 3 apresenta o conceito de ecossistema empreendedor e sua relação com a sustentabilidade, destacando sua dinâmica e seus principais atores. Os autores discutem como o empreendedorismo sustentável ganhou destaque recentemente devido à sua capacidade de impulsionar a mudança sustentável nos sistemas econômicos. É nesse contexto que o conceito de ecossistema empreendedor permite que elementos-chave, como universidades, capital humano, infraestrutura de apoio, atividade tecnológica, disponibilidade de financiamento e dinâmica de mercado, sejam compreendidos de maneira integrada. Os ecossistemas empreendedores sustentáveis são uma tendência futura que não apenas impulsiona a economia, mas também aborda os desafios globais enfrentados pelas nações.

A partir dos conceitos apresentados e discutidos sob as perspectivas evolutiva e sistêmica, os capítulos 4 e 5 trazem temas de extrema importância para a competitividade das empresas. O capítulo 4 tem como foco os aspectos da economia circular e da integração das cadeias de suprimentos. Os autores abordam o debate atual sobre a definição de economia circular e discutem tópicos como consumo sustentável, ecoeficiência, ciclo de vida, negócios sustentáveis e logística reversa. Além disso, debatem sobre as barreiras culturais, sociais, de mercado, tecnológicas e institucionais a serem superadas para implementar efetivamente a economia circular, e a importância disso para o desenvolvimento e a gestão de cadeias de suprimentos sustentáveis. O capítulo 5, por sua vez, discute a sustentabilidade empresarial com foco em normas ISO (International Organization for Standardization, ou Organização Internacional para Padronização) e em relatórios de sustentabilidade. Os autores destacam como o papel das empresas na sociedade tem ganhado importância nas últimas décadas, levando em consideração não apenas o aspecto econômico, mas também as dimensões sociais e ambientais. A responsabilidade social corporativa (RSC) ganhou força com base na ideia de que as empresas devem gerar valor para além dos acionistas, considerando todas as partes interessadas. Nesse contexto, os autores destacam a relevância das normas ISO para a estruturação de sistemas de gestão e de relatórios de sustentabilidade como mecanismos de governança nas empresas que desejam genuinamente promover a sustentabilidade empresarial e contribuir com o cumprimento dos ODS.

Os capítulos seguintes jogam luz sobre conceitos e instrumentos que, embora não sejam novos, ganharam notoriedade recentemente e têm atraído a atenção de gestores e pesquisadores atuantes em temas de sustentabilidade e gestão. O capítulo 6 apresenta uma visão ampla acerca da relação entre os sistemas produto-serviço (SPS) e a sustentabilidade, tema emergente e que vem ganhando cada vez mais destaque em termos de pesquisas e novos modelos de negócio. Os autores destacam a importância do SPS como uma abordagem sustentável para transformar a produção e o consumo, com potencial de gerar benefícios ambientais, econômicos e sociais, como maior eficiência energética, redução de emissões de carbono, melhor atendimento aos clientes, criação de empregos e redução de custos.

Já o capítulo 7 apresenta as principais características dos Projetos de Mecanismos de Desenvolvimento Limpo, tema criado em 1997 no Protocolo de Kyoto e que voltou a ganhar destaque após a realização da 26ª Conferência das Partes da Convenção das Nações Unidas sobre Mudança do Clima (2021), quando o mercado de créditos de carbono passou por alguns ajustes que levaram a uma mudança na contabilização dos créditos.

Seguindo a lógica evolutiva de pensamento do livro, os capítulos seguintes abordam um ator central na formação daqueles que serão responsáveis pela construção de organizações e sociedades mais sustentáveis pelas próximas décadas: a universidade. O capítulo 8 discute o papel das universidades na formação de profissionais alinhados aos ODS, destacando sua importância para a geração e a difusão de conhecimento associado à sustentabilidade. Os autores discutem diversos tópicos, enfatizando competências profissionais para a sustentabilidade, modelos sobre a relação entre universidade e sustentabilidade e as possibilidades de a universidade promover a sustentabilidade por meio do ensino, da pesquisa e da extensão. Na sequência, o capítulo 9 apresenta um estudo de caso da Universidade Estadual de Campinas (Unicamp), discutindo como as universidades podem se tornar empreendedoras e sustentáveis. Os autores utilizam diversos conceitos apresentados em capítulos anteriores para abordar questões como práticas de transferência tecnológica, desafios para transições sustentáveis, inovação sustentável e fomento ao empreendedorismo. Além disso, sugerem eixos estratégicos para uma agenda de pesquisa sobre universidades empreendedoras sustentáveis.

Por fim, o capítulo 10 busca apresentar uma perspectiva que transcende abordagens mais tradicionais de sustentabilidade e gestão, focada na visão das diretrizes econômica, ambiental e social, ao discutir a liderança sustentável espiritualizada. Essa abordagem reúne conceitos de diferentes áreas do conhecimento para contribuir com a operacionalização de objetivos organizacionais de maneira alinhada ao desenvolvimento sustentável.

Como fechamento, apresentam-se as considerações finais com uma síntese conclusiva dos problemas abordados no livro. Espera-se que o esforço dedicado no desenvolvimento desta obra se transforme em conhecimento para estudantes e profissionais conscientes da importância das suas ações para o desenvolvimento sustentável, e que as páginas deste livro os motivem e instiguem rumo à construção de um futuro genuinamente sustentável.

1
EVOLUÇÃO HISTÓRICA DAS RELAÇÕES ENTRE TECNOLOGIA, INOVAÇÃO E SUSTENTABILIDADE

Adriana Bin
Gustavo Hermínio Salati Marcondes de Moraes

A discussão sobre a relação entre tecnologia, inovação e sustentabilidade vem permeando a agenda acadêmica, política e a prática de negócios há pelo menos meio século. Foi no final do século XX que começaram a se tornar públicas as evidências sobre as consequências da ação das pessoas no meio ambiente. Consequentemente, os debates sobre degradação ambiental começaram a ser intensificados, ganhando cada vez mais projeção em âmbito internacional.

É nítida a estreita relação entre o início do debate sobre a questão ambiental e a agricultura, dado que as primeiras evidências públicas de degradação do meio estavam relacionadas com os impactos do padrão técnico vigente no setor agrícola. No livro *Silent Spring*,[1] escrito por Rachel Carson, no início da década de 1960, a autora evidenciou esse fenômeno, pois pela primeira vez questionaram-se publicamente os efeitos decorrentes do uso intensivo de agroquímicos na agricultura. Outro marco interessante dessa discussão foi a publicação de "The tragedy of the commons", na revista *Science*,[2] que traz a perspectiva de uma superexploração e consequente esgotamento

[1] Carson, 1962.
[2] Hardin, 1968.

de recursos finitos, em situações em que os indivíduos agem de forma independente e de acordo com seus próprios interesses, em detrimento dos interesses comunitários. Caracteriza-se, a partir de então, o início de uma inflexão na visão da relação homem-natureza e, como não poderia deixar de ser, da relação entre tecnologia e natureza. Entretanto, é também nítido que essa inflexão não se refletiu imediatamente em mudanças afinadas da ação humana diante do meio, embora tenha inaugurado uma época de preocupação ambiental[3] que passou a orientar um conjunto crescente de movimentos, diretrizes e negociações sobre o tema. Desde 1972, com a Conferência de Estocolmo, até os dias atuais, com a vigência da ação global da Agenda 2030, foram inúmeros os encontros, as conferências, os simpósios e os acordos com objetivo de regulamentar, discutir, evidenciar e implementar diferentes propostas para reverter um quadro quase unânime de degradação ambiental, e também de desigualdade social, expresso em nível global.

A compreensão do debate atual exige certamente uma visão histórica do processo. O movimento ambientalista da década de 1970, fortemente expresso pelo trabalho do Clube de Roma, apresentava nitidamente uma postura catastrofista, ao considerar inevitável o colapso do planeta decorrente do esgotamento de recursos naturais. O modelo apresentado nos *The Limits to Growth*[4] procurava projetar esse esgotamento, apontando como caminho essencial para reversão da situação o controle do crescimento populacional, notadamente nos países em desenvolvimento. Nesse sentido, o padrão técnico vigente era visto como insuficiente para promover o abastecimento da crescente população, sendo inevitáveis a degradação e o esgotamento dos recursos naturais.

Outros grupos e autores, ainda nesse mesmo período, refutavam as posições do Clube de Roma por meio de questionamentos sobre

[3] Benedick, 1999.
[4] Meadows *et al.*, 1972.

modelos de produção e consumo vigentes, propondo a construção de uma nova sociedade, dotada de novos valores. Destaca-se, nesse sentido, o clássico *Small Is Beautiful*,[5] com apelos ao desenvolvimento local descentralizado e ao uso de tecnologias apropriadas, uma espécie de meio-termo entre as chamadas tecnologias de ponta e as tecnologias tradicionais, mas que principalmente levasse em conta as particularidades regionais. Em relação à América Latina, vale destacar ainda o trabalho do Grupo de Bariloche,[6] que, por meio de um modelo matemático alternativo, contrapunha a visão pessimista do modelo do Clube de Roma, mostrando a viabilidade material do desenvolvimento de uma nova sociedade, menos exigente em relação a padrões de produção e consumo.

A década de 1980 viu o crescimento do que pode ser considerado um ambientalismo mais moderado, expresso pela definição de desenvolvimento sustentável. Esse termo refuta uma posição contrária à ideia de crescimento, canalizando esforços para que este ocorra de forma qualificada, ou seja, assegurando as necessidades das pessoas no presente e garantindo às gerações futuras as condições para atenderem às suas necessidades. O Relatório Bruntland,[7] com o título de *Our Common Future*, afirma que, como as necessidades são uma consequência de questões sociais e culturais, não há um esquema único para o desenvolvimento sustentável, sendo necessário para cada nação avaliar as implicações concretas das políticas adotadas. Entre as metas das políticas relacionadas ao meio ambiente e ao desenvolvimento, decorrentes da definição de desenvolvimento sustentável, destaca-se o crescimento qualificado, com atendimento às necessidades de alimentação, emprego, água e saneamento básico, energia, conservação e melhoramento da base de recursos existentes, reorientação da tecnologia e administração dos riscos a ela inerentes,

---

[5] Schumacher, 1973.
[6] Herrera *et al.*, 1976.
[7] World Commission on Environment and Development, 1987.

e finalmente a consideração de questões ambientais e econômicas nas tomadas de decisões. Assim, ter-se-ia como necessária a manutenção dos padrões atuais de consumo considerando os limites de recursos da Terra.

Torna-se nítida neste momento histórico a estreita relação que se estabelece entre o debate ambiental e um debate de cunho mais amplo, que discute as questões sociais, já que comumente a reversão da degradação ambiental estava associada à ideia de certo modelo de desenvolvimento. Como afirmou Castells,[8] o movimento ambientalista foi notadamente um movimento social, dado que abrigou sob a égide da justiça ambiental uma série de reivindicações de ordem social. O próprio conceito de desenvolvimento sustentável deixava clara essa característica, pois pensar em melhorias ambientais tornava-se indissociável de pensar em melhorias sociais, e também econômicas. É daí que ocorre a disseminação do conceito do *Triple Bottom Line* (Tripé da Sustentabilidade), apresentado por John Elkington em 1994,[9] como uma perspectiva de que os negócios deveriam considerar, para além da preocupação com o lucro, também a perspectiva das pessoas (aspecto social) e do planeta (aspecto ambiental).

Kemp e Soete[10] enunciaram, neste contexto de consolidação do conceito de desenvolvimento sustentável, algumas dificuldades para a inserção da proteção ambiental nos processos de desenvolvimento tecnológico e de geração de inovações.

São eles: i) a não trivialidade na determinação dos problemas ambientais e de seus riscos, considerando suas complexidades e inter--relações; ii) a complexidade inerente ao desenvolvimento científico e tecnológico, considerando o nível crescente de conhecimento necessário para trabalhar com tecnologias; iii) a extensão geográfica dos riscos ambientais; iv) o caráter cumulativo dos impactos ambientais

---

[8] Castells, 1999.
[9] Elkington, 1997.
[10] Kemp & Soete, 1992.

negativos, os quais transformam muitos pequenos problemas em grandes problemas que desafiam os limites do ecossistema; e, finalmente, v) a impossibilidade de reverter muitos dos impactos ambientais negativos gerados. Nesse sentido, é importante ressaltar a urgência de ações que transformem o futuro, alterando a maneira de agir das pessoas.

Foray e Grübler,[11] em sua introdução a uma edição especial da revista científica *Technological Forecasting and Social Change*, sobre tecnologia e meio ambiente, trouxeram à tona o dilema entre a resolução de problemas de poluição e degradação no curto prazo por meio de tecnologias limpadoras (*end-of-pipe technologies* ou *end-of-pipe pollution control*), mais adaptáveis aos sistemas tecnológicos vigentes e menos exigentes em termos de qualificação por estarem relacionadas ao controle de poluição, e a redução de futuros impactos negativos através da geração e aplicação de tecnologias limpas (*clean technologies*). Contudo, no longo prazo, essas tecnologias poderiam representar custos mais altos.

Distinguindo os conceitos, pode-se afirmar que tecnologias de fim de circuito são aquelas que servem para amenizar impactos ambientais negativos observados no presente, enquanto as tecnologias limpas são aquelas que resultam em novos bens, serviços ou processos que minimizam impactos ambientais. Ou seja, a atenção se desloca para os estágios anteriores do processo industrial, buscando identificar e atuar no foco da poluição.[12]

Emergem também neste momento histórico os conceitos de tecnologias e inovações verdes, que vão além da noção de tecnologias limpas, na medida em que não apenas focam a prevenção da poluição, mas também passam a considerar a conciliação entre a preocupação ambiental e os benefícios para os negócios.[13] Como apresentado pela

---

[11] Foray & Grübler, 1996.
[12] OECD, 2009.
[13] Freeman, 1996.

OECD: "'Going green' is progressively seen as a potentially profitable direction".[14]

A ocorrência da Conferência Eco-92 ou Rio-92, primeira Conferência das Nações Unidas sobre Meio Ambiente e Desenvolvimento, feita no Rio de Janeiro no ano de 1992, teve desdobramentos importantes para avançar na direção que já vinha sendo desenhada e iniciar a proposição de modelos mais efetivos de desenvolvimento ambientalmente sustentável, envolvendo governo, empresas e organizações não governamentais. O documento resultante do evento, a Agenda 21, menciona muitas vezes o termo *tecnologia* (e poucas vezes o termo *inovação*) e sua importância para o desenvolvimento sustentável. Embora não proponha formalmente novos conceitos nessa direção, é a partir desse momento histórico que passam a ser empregados os termos *tecnologias* e *inovações sustentáveis* ou *para a sustentabilidade*.

A década de 1990 é, portanto, notadamente marcada pela associação cada vez mais forte entre a noção de sustentabilidade e as de desenvolvimento tecnológico e inovação. É justamente nesse contexto que emerge o conceito de *ecoinovação*. Apresentado inicialmente por Fussler e James[15] em seu livro *Driving Eco-Innovation*, o conceito se estabelece e passa a integrar a agenda internacional, ganhando bastante força na primeira década do século XXI.

Kemp e Pearson[16] definem ecoinovação como a geração de produtos, processos, serviços, métodos de gestão ou de negócios que sejam novos para uma determinada empresa (que a desenvolve ou a adota) e que tenham como resultado uma menor quantidade de impactos ambientais negativos por todo o seu ciclo de vida, quando comparados a outras práticas.

---

[14] OECD, 2009, p. 27. "'Going green' ['Tornar-se ecológico'] está progressivamente sendo visto como uma direção potencialmente lucrativa", tradução nossa.
[15] Fussler & James, 1996.
[16] Kemp & Pearson, 2007.

Trata-se de uma definição absolutamente alinhada com a definição de inovação do Manual de Oslo, em sua 3ª edição, de 2005, em que *inovação* é descrita como produtos (bens e serviços), métodos de *marketing*, processos organizacionais em práticas de negócios, administração do ambiente de trabalho ou relações externas novas ou significativamente melhoradas.[17]

Ademais, embora não haja uma diferenciação precisa no uso dos termos, há uma defesa sobre a melhor adequação do termo *ecoinovação* em relação aos demais, por duas razões. A primeira é pela ideia de que ele considera todo o ciclo de vida da tecnologia, para além de controle e prevenção de poluição e redução no uso de insumos. Em linhas gerais, o pensamento de *ciclo de vida* do produto enfatiza a necessidade de a empresa se preocupar para além das fronteiras organizacionais convencionais, ao considerar o impacto ambiental de suas atividades desde a extração de matérias-primas até o consumo e a disposição final dos produtos, na perspectiva *cradle--to-grave* (do berço ao túmulo), ou mesmo enfatizando o reuso ou reciclagem de todos os componentes de um sistema produtivo.

A segunda razão parte da visão limitada, de um olhar apenas dentro das fronteiras organizacionais, para colocar a ecoinovação como algo que envolve necessariamente mudanças nas normas sociais, nos valores culturais e nas estruturas institucionais, de forma alinhada com diferentes atores.

A European Commission[18] vai na mesma linha, quando defende a promoção da ecoinovação de caráter sistêmico. No documento, a ecoinovação é compreendida como

> [...] qualquer forma de inovação que resulta – ou objetiva – em progressos significativos e demonstráveis na direção do desenvolvimento sustentável, por meio da redução de impactos sobre o ambiente, do fortalecimento

[17] OECD, 2005.
[18] European Commission, 2015.

da resiliência para as pressões ambientais e do atingimento de um uso mais eficiente e responsável dos recursos naturais.[19]

O aspecto sistêmico, por sua vez, é acrescentado como forma de considerar o conceito: redução no uso de recursos e na liberação de poluentes ao longo do ciclo de vida dos produtos; relação entre diferentes tecnologias, de diferentes setores; e, finalmente, novos modelos de negócio.

Os avanços mais recentes relacionados à evolução do conceito de ecoinovação são marcados pela Agenda 2030. Ela é resultado de um acordo firmado em 2015 pelos 193 estados-membros da ONU. Nesse documento são apresentados 17 Objetivos de Desenvolvimento Sustentável (ODS) e 169 metas, propostos para melhorar as condições de vida de pessoas em situações de vulnerabilidade, considerando os limites físicos do planeta e garantindo as condições necessárias para que as próximas gerações possam existir. Esse documento foi desenvolvido para o período compreendido entre 2016 e 2030.[20]

A Agenda 2030 faz várias menções à importância da tecnologia e da inovação para a resolução de problemas globais, assim como à necessidade de adaptá-las a padrões mais sustentáveis de consumo e produção. Também destaca a importância da cooperação regional e internacional e de mecanismos de construção de capacidades tendo em vista o desenvolvimento, a transferência, a disseminação e a difusão de tecnologias e inovações ambientais para países em desenvolvimento e menos desenvolvidos. Embora não cunhe um novo termo, esse documento indica a criação de um grupo de trabalho sobre ciência, tecnologia e inovação para os ODS, estabelecendo uma nova agenda para pensar as relações entre tecnologia e inovação e sustentabilidade. Como se verá a seguir, é nítido como o próprio

---

[19] *Idem*, p. 11.
[20] UN General Assembly, 2015.

conceito de ecoinovação perde espaço quando comparado com o uso de tecnologias e inovação de forma associada aos ODS.

A disseminação dos ODS acaba encontrando respaldo em iniciativas governamentais, da sociedade civil e de organizações privadas com e sem fins lucrativos, que passam cada vez mais a incorporar essa lógica em suas ações. Especificamente no mundo dos negócios, há uma miríade de iniciativas que passam por mudança de processos (produtivos e gerenciais), investimento em novas tecnologias, novas relações com consumidores e contribuições em ações e projetos sociais e ambientais, entre outras. O ponto é que a sustentabilidade passa a ser elemento-chave para pensar os negócios, sejam aqueles já estabelecidos e que, de certa forma, precisam se reorientar, sejam os novos negócios que muitas vezes já nascem com essa intenção e vocação.[21] Daí a relevância de considerar não apenas os elementos da tecnologia e da inovação, mas, de forma mais abrangente, o próprio empreendedorismo verde ou sustentável.[22]

Na esteira dessa reorientação dos negócios, ganham força os sistemas de mensuração do desempenho das organizações em termos de sustentabilidade. De acordo com Heenetigala,[23] os relatórios de sustentabilidade são reflexo da prática de mensuração, divulgação e prestação de contas aos *stakeholders* (as partes interessadas) internos e externos do desempenho organizacional na direção do desenvolvimento sustentável. É nesse contexto que as medidas ESG, do acrônimo em inglês *Environmental, Social and Governance* (Ambiental, Social e Governança), ganham espaço no comportamento dos negócios em relação às decisões de investimento,[24] de maneira fortemente relacionada com investimento responsável ou responsabilidade social corporativa.

[21] Clark; Feiner & Viehs, 2014.
[22] Fischer; Bayona-Alsina *et al.*, 2022.
[23] Heenetigala *et al.*, 2016.
[24] Armstrong, 2020.

22 | EVOLUÇÃO HISTÓRICA DAS RELAÇÕES ENTRE TECNOLOGIA, INOVAÇÃO...

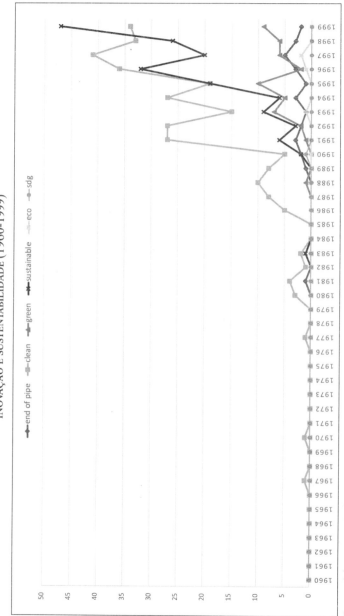

FIGURA 1.1. NÚMERO DE PUBLICAÇÕES SOBRE TECNOLOGIA, INOVAÇÃO E SUSTENTABILIDADE (1960-1999)

Fonte: elaboração própria.

SUSTENTABILIDADE E GESTÃO | 23

FIGURA 1.2. NÚMERO DE PUBLICAÇÕES SOBRE TECNOLOGIA, INOVAÇÃO E SUSTENTABILIDADE (2000-2021)

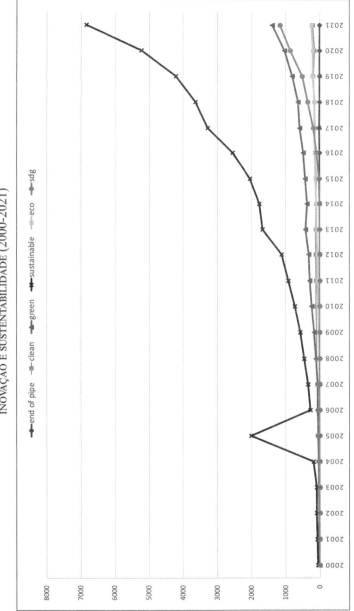

Fonte: elaboração própria.

As Figuras 1.1 e 1.2 apresentam uma evolução histórica do número de publicações relacionando os universos da tecnologia e da inovação com a sustentabilidade, com distintos conceitos e configurações a partir dos quais essa discussão foi moldada. A busca foi realizada na base Scopus, em março de 2022, usando os termos de busca apresentados no Quadro 1.1.

QUADRO 1.1. TERMOS DE BUSCA EMPREGADOS NA BASE SCOPUS

Termo de busca nos campos "resumo", "palavras-chave" ou "títulos"	Legenda
"end-of-pipe technolog" OR "end-of-pipe pollution control" OR "end-of-pipe innovation"	end-of-pipe
"clean technolog" OR "clean innovation"	clean
"green technolog" OR "green innovation"	green
"sustainable technolog" OR "sustainable innovation" OR "technolog for sustainability" OR "technolog for sustainability"	sustainable
"eco-technolog" OR "eco-innovation" OR "ecoinnovation"	eco
"technolog" AND "sustainable development goals" OR "innovation" AND "sustainable development goals"	SDG
"technolog" AND "Environmental, social and corporate governance" OR "technolog" AND "Environmental, social and governance" OR "innovation" AND "Environmental, social and corporate governance" OR "innovation" AND "Environmental, social and governance"	ESG

Fonte: elaboração própria.

Em linhas gerais, é possível perceber o alcance bastante restrito do conceito inicial de *tecnologias limpadoras*, logo substituído pelas ideias de *tecnologias limpas* (cujo uso começa a aumentar na década de 1980, mas que permanece limitado ao longo do tempo), assim como de *tecnologias e inovações verdes* e, em especial, *sustentáveis*. O marco da mudança nas terminologias é justamente a década de 1990, pela disseminação do conceito de *desenvolvimento sustentável*.

Embora tenha havido uma grande ênfase no conceito de *ecoinovação* (*vide* as publicações da OECD nesse sentido na primeira década do século XXI), é possível perceber que ele cresce de maneira limitada quando comparado aos conceitos de *tecnologias e inovações verdes* e *sustentáveis*. Díaz-García, González-Moreno e Sáez-Martínez,[25] em estudo bibliométrico anterior, evidenciaram a ascensão do termo *ecoinovação*, embora sem perspectiva de como o conceito evoluiria nos anos seguintes.

Sobre a relação entre tecnologias e inovações com ODS, a tendência de crescimento é clara e deve marcar a produção científica sobre o tema na década atual pelo menos. Já o tema de ESG é ainda incipiente, sendo necessário monitorar de que forma passará a ser investigado em sua relação com os conceitos de *tecnologias* e *inovações*.

As escolhas referentes à geração e à adoção de tecnologias e inovações sustentáveis esbarram certamente nas tecnologias existentes, ou seja, na trajetória tecnológica vigente, imersa em um contexto institucional adequado a ela. Isso significa que a emergência da sustentabilidade a torna um elemento a mais a ser incorporado no ambiente de seleção de inovações (geralmente representado pelo ecossistema no qual essas inovações estão inseridas) e também se configura como fonte de oportunidades tecnológicas. É natural que tal influência se relacione com as especificidades dos diferentes ambientes seletivos, considerando diferentes organizações e instituições.

Nesse contexto, é válido considerar a existência de uma evolução em conjunto entre tecnologias, instituições e empresas, uma vez que essas três dimensões têm relações de interdependência umas com as outras. Para avançar no campo da gestão sustentável, é fundamental compreender as redes de articulação econômica e política como

[25] Díaz-García; González-Moreno & Sáez-Martínez.

ecossistemas que fazem parte de um todo e que, como elementos conjuntos, precisam ser estimulados para o caminho da inovação e da sustentabilidade. Essas redes envolvem uma dinâmica de mercado e condições institucionais que não são fixas, mas cujas alterações demandam tempo (como indicado pela própria evolução das citações) para que as adequações não prejudiquem os atores do ambiente.

As alterações e os estímulos nessas interações envolvem um alto nível de complexidade e não podem ser explicados de maneira linear, pois é necessária uma análise das necessidades das partes e do todo de forma conjunta. Os problemas que envolvem avanços no campo da gestão sustentável, considerando as necessidades de inovação com os aspectos ambientais e sociais (além dos aspectos econômicos), não podem ser solucionados com respostas simplificadoras e de curto prazo, pois não são problemas bem estruturados. Assim, para compreender melhor a complexidade envolvida nessa situação, o próximo capítulo apresenta um panorama das questões da sustentabilidade sob a ótica da teoria da complexidade.

2

SUSTENTABILIDADE VISTA A PARTIR DA TEORIA DA COMPLEXIDADE

Tiago Fonseca Albuquerque Cavalcanti Sigahi
Rosley Anholon
Jefferson de Souza Pinto

INTRODUÇÃO

As questões de sustentabilidade têm sido descritas como problemas complexos porque são difíceis de ser definidas; não existem respostas certas ou erradas, e o conjunto de soluções muda constantemente.[1] Autores como Levin e Yearworth[2] argumentam que a sustentabilidade é na verdade um problema "supercomplexo", devido a quatro características principais:

i. o tempo está se esgotando à medida que começamos a nos aproximar dos "pontos críticos" ecosféricos;
ii. a mesma entidade que está criando os problemas (ou seja, nós, como humanos) é a entidade que está tentando resolver os problemas;
iii. não existe autoridade central para coordenar as ações; e

---

[1] Pederneiras *et al.*, 2022; Weber *et al.*, 2021.
[2] K. Levin *et al.*, 2012; Yearworth, 2016.

iv. o desconto temporal (isto é, a taxa com que recompensas futuras são desvalorizadas no tempo presente) continua a empurrar as ações necessárias para o futuro.

A pandemia de covid-19 ilustra bem essas questões. Engler, Abson e von Wehrden[3] a caracterizaram como um problema complexo de sustentabilidade que afetou diversos sistemas, como trabalho, escolas, hospitais, vida familiar e pessoal, governo, cidades, sociedade, e abrangeu vários países. Muitos foram os Objetivos de Desenvolvimento Sustentável (ODS) afetados pela pandemia,[4] e os reais impactos ainda são difíceis de ser compreendidos.[5] Por exemplo, a covid-19 impactou consideravelmente o alcance das metas associadas ao ODS 8 (trabalho decente e crescimento econômico) devido à paralisação de setores econômicos, à redução de renda e ao aumento do desemprego; ao ODS 5 (igualdade de gênero), gerando níveis crescentes de violência contra mulheres, além do fato de que mulheres estão em maioria nos trabalhos de saúde e assistência social que estão mais expostos ao vírus; ao ODS 4 (educação de qualidade), com o fechamento das escolas e a inacessibilidade ao ensino remoto; e ao ODS 11 (cidades e comunidades sustentáveis), relacionado à população que vive em favelas, onde há maior vulnerabilidade à covid-19 devido à alta densidade populacional e às más condições de saneamento. Os impactos nos ODS 8, 5, 4 e 11, por sua vez, reverberam no ODS 10 (redução das desigualdades).[6]

Segundo Morin,[7] o grande desafio para lidar com problemas complexos é a forma como somos ensinados a pensar. Somos educados com base em um pensamento simplificador, que separa e isola os objetos de seus contextos, as disciplinas umas das outras, os

---

[3] Engler; Abson & von Wehrden, 2021.
[4] Ranjbari *et al.*, 2021; Sahin *et al.*, 2020.
[5] Biglari; Beiglary & Arthanari, 2022.
[6] Cernev & Fenner, 2020; Philippidis *et al.*, 2020.
[7] Morin, 2010.

problemas uns dos outros. Essa abordagem é adequada para resolver problemas bem estruturados, com caminhos de solução conhecidos e respostas convergentes, mas insuficiente quando se trata de problemas complexos; estes exigem novos conceitos e princípios e uma maneira diferente de pensar. Pode-se, de maneira provisória e utilizando um método, separar um determinado ambiente e um objeto analisado, mas também é importante considerar objetos como sistemas abertos que, para serem definidos, necessitam que suas interações com o ambiente sejam consideradas.[8]

É preciso enfatizar que não se trata de desabilitar as abordagens existentes e iniciar uma abordagem totalmente nova. O ponto aqui refere-se a considerar novas modalidades de pensamento.[9] Nesse sentido, os problemas da sustentabilidade não são simples de ser gerenciados, podendo, entretanto, ser mais bem compreendidos se forem analisados e debatidos à luz da teoria da complexidade.

DA TEORIA GERAL DOS SISTEMAS (TGS) À TEORIA DA COMPLEXIDADE

Em contraposição ao pensamento simplificador, as abordagens sistêmicas têm sido enfatizadas como essenciais para compreender e propor soluções aos problemas de sustentabilidade.[10] Contudo, a teoria da complexidade propõe que é preciso ir além.

Bertalanffy,[11] criador da teoria geral dos sistemas (TGS), afirma que esta é "uma ciência da totalidade". Embora seja muito simplista reduzir a obra de Bertalanffy a essa frase, ela indica um dos termos--chave – totalidade – para o entendimento da contribuição da teoria da complexidade.[12] O conceito de sistema, no âmbito da TGS, invoca

---

[8] *Idem.*
[9] Zilbovicius; Piqueira & Sznelwar, 2020.
[10] Biglari; Beiglary & Arthanari, 2022; Ruggerio, 2021.
[11] Bertalanffy, 2015, p. 62.
[12] Morin, 1992, 2010, 2015, 2016.

o princípio do holismo, que advém do mesmo princípio simplificador ao qual se opõe e, portanto, sofre do fundamental defeito de que, supostamente, deveria se libertar. Morin[13] explica que a concepção de sistema a partir da ideia de totalidade

> [...] faz com que à cegueira reducionista (que só vê os elementos constitutivos) suceda uma cegueira holista (que só vê o todo). Reducionista ou holística, a explicação, num e noutro caso, busca simplificar um problema cuja compreensão exige que se leve em conta a complexidade.[14]

Diversos autores descrevem o desenvolvimento sustentável como um sistema complexo (Figura 2.1).

FIGURA 2.1. DESENVOLVIMENTO SUSTENTÁVEL COMO SISTEMA COMPLEXO

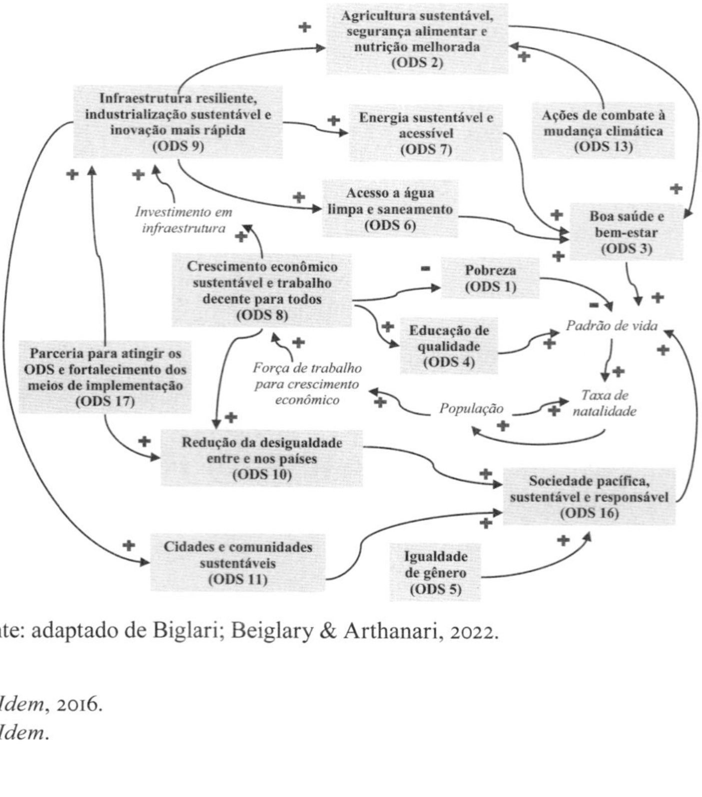

Fonte: adaptado de Biglari; Beiglary & Arthanari, 2022.

[13] *Idem*, 2016.
[14] *Idem*.

Um sistema pode ser entendido como qualquer conjunto definível de componentes;[15] um conjunto de elementos interdependentes que formam um todo organizado;[16] a unidade resultante das partes em interação mútua;[17] um todo que funciona dessa forma devido aos elementos que o constituem;[18] "complexos de elementos em inter--relações mútuas",[19] ou simplesmente "partes em interação".[20]

Os termos "complexo" e "complexidade" são empregados frequentemente como opostos de "simples" e "simplicidade". Aqui está uma provável fonte de confusão entre as palavras "complexo" e "complicado", utilizadas muitas vezes de maneira intercambiável. Se um sistema, ainda que seja composto por um grande número de componentes, pode ser descrito completamente em termos de seus constituintes individuais, esse sistema é apenas "complicado" (por exemplo: jatos-jumbo, computadores). Em um sistema complexo, por outro lado, a interação entre os constituintes do sistema e a interação entre o sistema e seu ambiente são de tal natureza que o sistema não pode ser entendido como um todo simplesmente analisando seus componentes (por exemplo: cérebro, cidades, floresta amazônica, economias, colônias de insetos, sistema imunológico, *world wide web* [rede mundial de computadores]).[21] Em outras palavras, um sistema complexo (desenvolvimento sustentável) não pode ser reduzido a um conjunto de constituintes (ODS), não porque o sistema não é constituído por eles, mas porque muitas das informações relacionais se perdem nesse processo.[22]

[15] Maturana, Varela, 2001.
[16] Churchman, 2015.
[17] Ackoff, 1971.
[18] Rapoport, 1966.
[19] Bertalanffy, 2015, p. 58.
[20] *Idem*, p. 40.
[21] Byrne, 2014; Mitchell, 2009.
[22] Cilliers, 2002.

DO TODO ÀS PARTES, DAS PARTES AO TODO: A SISTEMICIDADE DA SUSTENTABILIDADE

Como propõe Morin,[23] se se quer compreender um sistema complexo, é preciso alterar a explicação linear por uma explicação circular, "onde vamos das partes para o todo, do todo para as partes". À relação entre parte e todo damos o nome de *sistemicidade*, termo que expressa a ideia de que um sistema é ao mesmo tempo mais e menos do que a soma das suas partes.[24]

Conforme Morin,[25] a sistemicidade revela o paradoxo do sistema: considerado sob o ângulo do "todo", ele é uno e homogêneo; considerado sob o ângulo dos constituintes, ele é diverso e heterogêneo; é preciso associar nele mesmo, por um lado, a ideia de unidade e, por outro, a de diversidade/multiplicidade, as quais, em princípio, se repelem e se excluem. Morin[26] propõe que "não se pode reduzir nem o todo às partes, nem as partes ao todo" e que é necessária uma maneira de pensar capaz de integrar a parte da verdade incluída em ambas as explicações, reducionista e holista, isto é, "não deve haver nenhum aniquilamento do todo pelas partes, das partes pelo todo [...] importa então esclarecer as relações entre partes e todo".[27]

Nessa perspectiva, a ideia de sistemicidade pode ser útil para compreender a complexidade dos problemas de sustentabilidade. O Quadro 2.1 mostra diferentes abordagens que visam compreender a sistemicidade no contexto do desenvolvimento sustentável.

---

[23] Morin, 2010, pp. 181-182.
[24] *Idem*, 1992.
[25] *Idem*, 2016.
[26] *Idem*, p. 135.
[27] *Idem*, p. 157.

QUADRO 2.1. INTERAÇÕES ENTRE *TARGETS* (METAS),
ODS E DIMENSÕES DA SUSTENTABILIDADE

Nível de análise	Contribuição	Referência
Targets	• Identificação de 216 ligações entre *targets*, sendo 23 negativas e 193 positivas	Allen; Metternicht & Wiedmann (2019)
	• Identificação de 238 sinergias, 66 *trade-offs* e 12 interações neutras entre os *targets* dos ODS	Griggs *et al.* (2017)
	• Identificação de 143 sinergias e 65 *trade-offs* para atingir o ODS 7	Maes *et al.* (2019)
ODS	• Identificação da interligação entre os ODS 5 e 17	Sebestyén *et al.* (2019)
	• Identificação de sinergias entre os ODS 1, 3, 7, 8 e 9 • Identificação de *trade-offs* entre os ODS 11, 13, 14, 16 e 17	Kroll; Warchold & Pradhan (2019)
	• Identificação de sinergias e *trade-offs* entre os ODS 7, 6, 2 e 1	Mainali *et al.* (2018)
Dimensões	• Identificação de interconexões entre ODS relacionados a dignidade (1 e 5), pessoas (2, 3 e 4), planeta (6, 12, 13, 14, 15), parceria (17), justiça (16) e prosperidade (7, 8, 9, 10, 11)	Leal Filho *et al.* (2018)
	• Identificação de sinergias entre ODS relacionados à economia (8, 9, 10, 12) e ODS relacionados à sociedade (1, 2, 3, 4, 5, 7, 11, 16) • Identificação de *trade-offs* entre ODS relacionados à economia (8, 9, 10, 12) e ODS relacionados à biosfera (6, 13, 14, 15)	Philippidis *et al.* (2020)

Fonte: elaborado a partir de Waage *et al.*, 2015; Pradhan *et al.*, 2017; e Biglari; Beiglary & Arthanari, 2022.

Princípios do pensamento complexo aplicados à sustentabilidade

A sistemicidade contribui para a compreensão da complexidade das interações entre os ODS, assim como de cada ODS com o desenvolvimento sustentável como um todo. Nesse cenário, cabe questionar: como desenvolver um pensamento que leve essa complexidade em conta? Morin[28] propõe os sete princípios do pensamento complexo, intrinsecamente relacionados entre si, que podem ser aplicados no contexto da sustentabilidade e do desenvolvimento sustentável:

i. *Princípio sistêmico ou organizacional*: conecta o conhecimento das partes (ODS) ao conhecimento do todo (desenvolvimento sustentável), opondo-se à ideia reducionista (análise dos ODS de maneira isolada). A organização de um todo gera qualidades ou propriedades diferentes em relação às partes isoladas: as emergências e constrições, que podem ser relacionadas às sinergias e aos *trade-offs* entre os ODS e entre as dimensões da sustentabilidade.

ii. *Princípio hologramático*: permite ir além do reducionismo (que apenas vê as partes) e do holismo (que apenas vê o todo), colocando em evidência o paradoxo da sistemicidade, em que não somente a parte está no todo (os ODS dependem do desenvolvimento sustentável como um todo), mas em que o todo está inscrito na parte (o desenvolvimento sustentável depende de cada ODS).

iii. *Princípio do círculo retroativo*: permite conhecer os processos autorreguladores; quebra a causalidade linear – a causa age sobre o efeito (o avanço em cada ODS reflete

[28] *Idem*, 1992, 2010, 2015, 2016.

no desenvolvimento sustentável como um todo) e o efeito age sobre a causa (o avanço do desenvolvimento sustentável como um todo retroage em cada ODS).

iv. *Princípio do círculo recursivo ou recursividade organizacional*: supera a noção de regulagem para a de autoprodução, na qual os produtos e os efeitos são os produtores e causadores daquilo que os produz (os ODS produzem o desenvolvimento sustentável, enquanto o desenvolvimento sustentável produz os ODS).

v. *Princípio da auto-eco-re-organização*: amplia as ideias de regulagem e autoprodução para a de auto-organização, que pode ser entendida como o processo pelo qual os elementos (ODS) de um sistema sem controle central (desenvolvimento sustentável) interagem para criar padrões de comportamento que não são diretamente impostos por forças externas. O prefixo "auto" pretende incluir a ideia de autoprodução; "eco" expressa a ideia de inter-relações com e dependência do ambiente externo; e "re" representa a noção de mudança e transformação contínuas.[29]

vi. *Princípio dialógico*: une ideias opostas, mas que são indissociáveis numa mesma realidade; permite assumir racionalmente a associação de ações contraditórias para conceber um fenômeno complexo.[30] Morin[31] explica que o termo "dialógica" quer dizer que duas lógicas podem ser unidas sem que a dualidade se perca na unidade. Esse princípio pode ser identificado na existência simultânea de sinergias e *trade-offs* tanto entre os ODS quanto entre as dimensões social, econômica e ambiental da sustentabilidade.

---

[29] *Idem*, 1992, 2016.
[30] Morin & Le Moigne, 2000, p. 211.
[31] Morin, 2010, p. 189.

vii. *Princípio da reintrodução do sujeito no conhecimento*: propõe que todo conhecimento é uma reconstrução ou tradução por um sujeito numa cultura e num tempo determinados.[32] No contexto da sustentabilidade, é preciso levar em conta não apenas aspectos sociais, econômicos e ambientais, mas também culturais, éticos e políticos.

Uma das formas de viabilizar a problemática da complexidade no enfrentamento das questões de sustentabilidade, com esses princípios norteadores, é considerar uma análise do ecossistema empreendedor no qual os diversos atores interagem na busca de seus objetivos. No ecossistema empreendedor, os agentes que envolvem o sistema do governo, o sistema educacional e o sistema empresarial se conectam como partes interessadas no desenvolvimento de um ambiente, para formar, manter e expandir os negócios. Esse conceito tem recebido um crescente interesse das comunidades científicas e do mercado, com pesquisas acadêmicas e iniciativas voltadas ao estímulo do desenvolvimento dos ecossistemas, para conectar ainda mais a promoção de empreendedorismo com transições ambientalmente sustentáveis. Assim, o próximo capítulo aborda o tema do ecossistema empreendedor, aprofundando as questões de sustentabilidade que permeiam esse ambiente, inclusive apresentando um exemplo de programa de apoio e incentivo à inserção e à execução da pesquisa científica e tecnológica nas pequenas empresas, para promover a inovação tecnológica e a sustentabilidade.

---

[32] Morin & Le Moigne, 2000.

3

ECOSSISTEMA EMPREENDEDOR E SUSTENTABILIDADE

Gustavo Hermínio Salati Marcondes de Moraes
Adriana Bin

INTRODUÇÃO

O empreendedorismo tem relevância crescente na academia e nos meios empresariais e políticos, pelo papel que desempenha no crescimento e no desenvolvimento econômico das regiões e, consequentemente, dos países.[1] O incentivo ao empreendedorismo gera empregos e cria riqueza, além de apoiar o desenvolvimento tecnológico e a inovação e o estabelecimento de pequenas e médias empresas. No Brasil, em 2019, as pequenas e médias empresas correspondiam a 62% do emprego total e a 50% do valor agregado nacional.[2]

Apesar de não haver uma definição única de empreendedorismo, alguns pontos centrais podem ser destacados na literatura. O empreendedorismo está diretamente ligado à criação de negócios, mercados e produtos inovadores. Também pode ser entendido como um processo, composto por etapas que se interligam para entregar esse valor. Outra perspectiva relaciona o empreendedorismo à

---

[1] Coulibaly; Erbao & Mekongcho, 2018.
[2] World Bank, 2020.

identificação de oportunidades de mercado, sendo uma conexão entre os indivíduos e seus ambientes.

As oportunidades empreendedoras de um contexto estão diretamente relacionadas com a dinâmica dos atores e das instituições do ecossistema empreendedor. A disponibilidade e o nível de desenvolvimento da ciência, da tecnologia e da inovação podem determinar o nível de maturidade desse ecossistema e a capacidade de estimular empresas com maior potencial de impacto econômico e social. Assim, as diferenças geográficas são elementos importantes na formação do ecossistema, com as características específicas da economia regional, incluindo disponibilidade de fontes de financiamento, infraestrutura física, políticas públicas de apoio à criação e ao crescimento de novas empresas e estrutura da indústria.[3]

Quando o empreendedor considera em suas decisões as implicações das atividades da empresa nas áreas sociais, ambientais e econômicas, criando negócios com o objetivo de transformar a sociedade e resolver problemas ambientais e sociais, ele pode ser considerado um empreendedor sustentável.[4] A literatura de empreendedorismo sustentável também adota terminologias como *ecoempreendedorismo* ou *empreendedorismo verde*. Essa categoria tem ganhado relevância por ser considerada um importante vetor de impulsionamento para a mudança sustentável nos sistemas econômicos.[5]

Um ecossistema sustentável é aquele em que as dinâmicas favorecem o surgimento de ecoempreendedores. O empreendedorismo verde consegue preencher lacunas essenciais para o desenvolvimento sustentável dos países com a promoção de mudanças estruturais nas cadeias produtiva e de valor dos ecossistemas empreendedores. Os

---

[3] Del Monte; Moccia & Pennacchio, 2022.
[4] Demirel *et al.*, 2019.
[5] Gast; Gundolf & Cesinger, 2017.

resultados do ecoempreendedorismo contribuem para a promoção dos indicadores dos Objetivos de Desenvolvimento Sustentável (ODS) das Nações Unidas.

Este capítulo busca apresentar o tema do ecossistema empreendedor sustentável com uma contextualização histórica e atual dos seus elementos principais. Assim, inicialmente serão apresentados os princípios e a dinâmica dos ecossistemas empreendedores, e na sequência será destacada a importância do empreendedorismo verde e do ecossistema sustentável. Por fim, será apresentado o exemplo da conduta de um ator do ecossistema empreendedor que estimula o empreendedorismo verde e intensivo em conhecimento no estado de São Paulo, o Programa Pesquisa Inovativa em Pequenas Empresas (Pipe), da Fundação de Amparo à Pesquisa do Estado de São Paulo (Fapesp).

A DINÂMICA DO ECOSSISTEMA EMPREENDEDOR

O ecossistema empreendedor aborda um conceito amplo e histórico. Enquanto no ecossistema natural as espécies interagem, se desenvolvem e evoluem, no ecossistema empreendedor essa interligação é notadamente entre os atores do sistema empresarial, educacional e do governo. Não existe uma definição única de ecossistema empreendedor. As diferentes abordagens se complementam em busca de um maior entendimento das dinâmicas.

No campo da ecologia e da biologia evolutiva, a identificação da dimensão dos ecossistemas naturais já é explorada há bastante tempo,[6] da mesma forma nos debates que envolvem a interação do ser humano com o ambiente.[7] A visão de sistemas socioecológicos analisa

---

[6] S. Levin, 1992; Bailey, 2004.
[7] Ostrom, 2007.

a gestão de recursos naturais considerando as conexões de sistemas ecológicos com os fenômenos socioculturais e a interação dos atores na gestão dos recursos.[8] O alcance geográfico dos ecossistemas empreendedores tem ganhado relevância, e ainda permanece desconhecido pela literatura.[9] Nesse campo de análise geográfico, as pesquisas de ecossistema empreendedor buscam compreender os mecanismos pelos quais os ambientes socioeconômicos se organizam para introduzir conhecimento nos mercados. Essa conexão em redes entre os agentes econômicos é fundamental para compreender o alcance geográfico da atividade econômica.[10]

Assim, pode-se entender o ecossistema empreendedor como um conjunto de atores (organizações empresariais, instituições e processos formais e informais) inter-relacionados que se unem para conectar, mediar e governar o desempenho dentro do ambiente empresarial local, como uma comunidade de múltiplas partes interessadas em desenvolver um ambiente de apoio para a criação de novos empreendimentos dentro de uma região.[11] Quando são coordenados e se relacionam adequadamente, esses atores conseguem impulsionar o empreendedorismo produtivo e inovador em determinadas regiões.

O contexto em que está inserido o ecossistema, com sua dinâmica de mercado e suas condições institucionais, tem uma forte influência nas interligações dos atores, pois a inovação e a troca de conhecimento atuam como processos fundamentais nos ecossistemas.

Os atores envolvidos nas interações dos ecossistemas empreendedores são diversos, e, de acordo com as características do contexto e das ações exercidas para fortalecer diferentes atores,

---

[8] Pahl-Wostl, 2007.
[9] Fischer; Meissner *et al.*, 2022.
[10] *Idem*.
[11] Campos; Moraes & Spatti, 2021.

distintos resultados podem ser obtidos.[12] Alguns atores podem ser destacados como fundamentais para os ecossistemas:

i. as universidades, que atuam como agentes de geração e difusão de conhecimento;
ii. o capital humano, que aumenta o potencial inovador dos indivíduos e das empresas;
iii. a infraestrutura de apoio, como parques tecnológicos e incubadoras, que fornece o suporte necessário, principalmente no momento inicial das empresas;
iv. a atividade tecnológica, que funciona como um elemento central para o empreendedorismo inovador;
v. disponibilidade de financiamento; e
vi. a própria dinâmica de mercado local, com suas conexões com cadeias de valor globais.

A Figura 3.1 apresenta um exemplo de ecossistema empreendedor, com os componentes principais e a dinâmica do ecossistema. Os círculos representam os componentes, com diferentes tamanhos de acordo com a sua importância. As conexões representam a dinâmica de interações entre os componentes, com suas relações formais e informais de diferentes intensidades.

Apesar da identificação dos componentes e das conexões, não existe uma maneira ou fórmula clara de como moldar o ecossistema para o que se pretende, mas já existem evidências de pontos que precisam ser mais fortalecidos quando se pretende estimular diferentes tipos de empresas, como empresas intensivas em conhecimento ou empresas verdes.[13]

---

[12] Fischer; Bayona-Alsina *et al.*, 2022.
[13] *Idem.*

FIGURA 3.1. COMPONENTES E DINÂMICA
DO ECOSSISTEMA EMPREENDEDOR

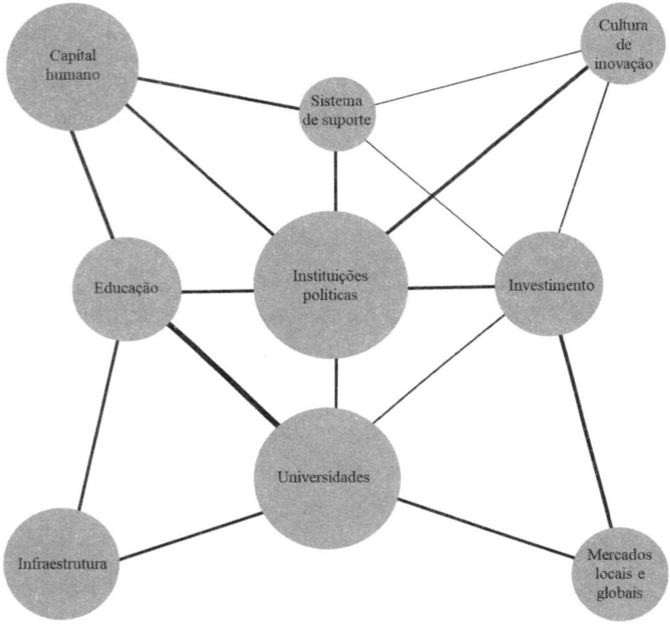

Fonte: elaboração própria.

O empreendedorismo intensivo em conhecimento está diretamente atrelado à tecnologia e à inovação, introduzindo-as nos sistemas econômicos e neles gerando efeitos positivos generalizados; tem forte interdependência com elementos como a qualificação pessoal e o cenário socioeconômico, sendo mais adequado estimulá-lo em ecossistemas mais maduros. O empreendedorismo verde ou sustentável equilibra os objetivos econômicos, sociais e ambientais e tem a característica de abordar os desafios sociais ao mesmo tempo que promove o desenvolvimento econômico. Porém, é um tipo de negócio mais difícil de ser estimulado, precisando de mais investimento e sistema de suporte.

EMPREENDEDORISMO VERDE E ECOSSISTEMA EMPREENDEDOR SUSTENTÁVEL

Como visto no capítulo 1, nos últimos anos, a preocupação global com problemas ambientais (por exemplo: problemas relativos a desmatamento, diminuição dos recursos naturais, poluição, entre outros) aumentou de forma acelerada nos setores públicos e privados. As pessoas estão mais conscientes e sensíveis em relação a essas questões, sendo um marco nesse processo o estabelecimento de alguns desafios globais pelas Nações Unidas em 2015, com a apresentação dos Objetivos de Desenvolvimento Sustentável (ODS). Os 17 ODS equilibram a sustentabilidade social, econômica e ambiental de forma integrada.

O empreendedorismo verde e os ecossistemas sustentáveis passam a ganhar força nesse contexto, já que podem gerar resultados, em especial a partir do desenvolvimento tecnológico e da geração de inovações, que contribuem para a promoção de alguns dos indicadores dos Objetivos de Desenvolvimento Sustentável (ODS) das Nações Unidas, como ODS 11 – "cidades e comunidades sustentáveis", ODS 12 – "consumo e produção responsáveis", ODS 13 – "ação contra a mudança global do clima", ODS 14 – "vida na água" e ODS 15 – "vida terrestre". O desenvolvimento sustentável não é mais discutido com foco apenas em aspectos do meio ambiente; ele é visto de forma sistêmica, englobando dimensões econômicas, sociais, políticas e de direitos humanos.

Assim, interligando os problemas sociais e ambientais, o empreendedorismo verde ou sustentável se relaciona com as três esferas da sustentabilidade, combinando o desenvolvimento ambiental, social e econômico. Os ecoempreendedores, termo que combina o ecológico com o empreendedorismo, são agentes de mudança comprometidos com o equilíbrio econômico, de bem-estar social e de proteção ambiental. Por priorizar as questões ambientais e sociais no processo de desenvolvimento dos produtos e serviços, normalmente há uma forte dependência com os consumidores verdes.[14]

Com o movimento mundial para a valorização de produtos que não prejudiquem o meio ambiente, os ecoempreendedores viram oportunidades em um contexto insustentável e passaram a apostar no desenvolvimento de negócios inovadores e lucrativos que contribuam para a diminuição dos impactos ambientais. Cada vez mais as novas empresas buscam ao menos considerar os aspectos ambientais em seu processo, produto e serviço.[15]

Para explorar essas oportunidades, o ecoempreendedor aposta na inovação para substituir os produtos tradicionais existentes no mercado por produtos de alto valor agregado e que considerem as tendências de consumo, bem como as mudanças do mercado e da tecnologia da informação.[16]

O empreendedorismo sustentável movimenta uma cadeia de consumidores, fornecedores e negócios que auxiliam nas novas configurações dos ecossistemas empreendedores, os quais precisam se moldar a essa nova necessidade e realidade, a de um contexto ambientalmente mais consciente, contribuindo para enfrentar os desafios mundiais que as nações encaram.[17]

A literatura sobre os fatores contextuais do empreendedorismo sustentável ainda é escassa, embora crescente, mas esforços iniciais de pesquisadores reconhecem que a complexidade para estimular as oportunidades vinculadas ao empreendedorismo verde é maior que as necessárias ao estímulo do empreendedorismo tradicional.

---

[14] Gasbarro; Rizzi & Frey, 2018.
[15] Santini, 2017.
[16] Schaltegger & Wagner, 2011.
[17] Fischer; Bayona-Alsina *et al.*, 2022.

Assim, para um ecossistema empreendedor ser sustentável, as configurações necessárias podem ser diferentes daquelas utilizadas para um ecossistema tradicional.

Os ecossistemas empreendedores sustentáveis são uma forte tendência futura, pois, além de impulsionarem a economia, auxiliam na transição para uma sociedade mais sustentável. Esses ecossistemas podem ser considerados como um conjunto de atores interconectados, comprometidos com o desenvolvimento sustentável por meio de suporte e facilitação para o surgimento e a permanência dos empreendimentos verdes.

O desenvolvimento dos ecossistemas empreendedores sustentáveis depende de uma estratégia de desenvolvimento regional que tenha como principal foco estímulos aos empreendimentos que criem valor social, ambiental e econômico naquela comunidade.[18] Para que o empreendedorismo verde consiga criar valor sustentável, é necessária uma comunidade de atores que apoiem o desenvolvimento de empresas de alto crescimento, com acesso a investimentos financeiros, assistência técnica local e assessoria profissional. Porém, cabe destacar que o tema do ecoempreendedorismo ainda está em desenvolvimento, e mais pesquisas sobre a dinâmica e os atributos estruturais dos ecossistemas bem-sucedidos são necessárias.

A ATUAÇÃO DO PIPE FAPESP NO ECOSSISTEMA EMPREENDEDOR SUSTENTÁVEL

Tendo em vista a intenção de concretizar a discussão sobre os desafios do ecoempreendedorismo e de ecossistemas sustentáveis, este capítulo traz o caso do Programa de Pesquisa Inovativa em Pequenas Empresas (Pipe) da Fundação de Amparo à Pesquisa do Estado de São Paulo (Fapesp).

[18] *Idem.*

O Pipe Fapesp é um programa de apoio e incentivo à inserção e à execução da pesquisa científica e tecnológica nas pequenas empresas, para promover a inovação tecnológica. O programa foi criado em 1997 e é voltado a empresas do estado de São Paulo. O Pipe oferece subsídios para projetos empreendedores com alto nível de conhecimento e potencial inovador em seus produtos e serviços. A iniciativa contempla também o Pipe Invest, que oferece recursos financeiros adicionais para os projetos em andamento na segunda fase. O Pipe Invest acelera o processo de comercialização das inovações nas empresas que apresentem elevado potencial de sucesso.

Além desse apoio à pesquisa, o Pipe também busca contribuir para o desenvolvimento econômico e social, incentivar o investimento privado em pesquisa, aproximar a academia das empresas e estimular o desenvolvimento de núcleos de pesquisa dentro destas. A aproximação entre a ciência e as empresas colabora para a ampliação do mercado de trabalho dos pesquisadores. Assim, os projetos aprovados no Pipe são considerados intensivos em conhecimento, sendo executados em empresas com capacidade de potencializar o desenvolvimento regional. Essas empresas auxiliam na dinâmica dos ecossistemas, com transferência de tecnologia, geração de patentes, geração de empregos e interações entre universidade e empresas.

Apesar de o programa não ter como foco as questões verdes e sociais, aproximadamente 25% dos projetos participantes do Pipe no período de 2005 a 2019 são considerados verdes.[19] Esses projetos têm objetivos explícitos relacionados a produtos, processos, serviços ou modelos de negócios que englobam oportunidades empreendedoras sustentáveis e ecologicamente corretas.

A atuação do Pipe Fapesp nos ecossistemas regionais do estado de São Paulo pode ser analisada em uma relação dos seus objetivos e resultados com os componentes principais dos ecossistemas. O

[19] *Idem.*

programa é uma política pública, estando atrelado a instituições políticas. É necessária a participação de pesquisadores, o que se reflete em maior diálogo e interação com as universidades, gerando patentes e desenvolvimento tecnológico. O auxílio financeiro proporciona aos empreendedores financiamento nas diferentes fases do programa. Essas empresas atraem mão de obra qualificada para a região, aprimorando o capital humano disponível. A aproximação às universidades incentiva e auxilia o desenvolvimento dos parques tecnológicos e das incubadoras, onde muitas vezes as empresas aprovadas são implantadas. Esses aspectos impulsionam a cultura de inovação naquele ecossistema.

As empresas apoiadas pelo Pipe têm apresentado resultados positivos e efetivamente contribuído na dinâmica dos ecossistemas empreendedores regionais em que atuam. O sucesso do Pipe demonstra que essas iniciativas têm mais impacto quando desencadeadas em regiões mais desenvolvidas, com recursos abundantes, melhores condições de mercado e alta concentração de fontes de conhecimento. A empresa intensiva em conhecimento é altamente dependente da localização geográfica. O exemplo do Pipe indica que políticas públicas e iniciativas semelhantes que queiram incentivar o ecossistema sustentável, com apoio ao empreendedorismo verde, podem utilizar a proposta do programa como exemplo, mas colocando como critério, na seleção, que as empresas tenham esse objetivo atrelado às questões sociais e ambientais, além das econômicas.

Uma política pública semelhante que fosse voltada para o empreendedorismo intensivo em conhecimento verde auxiliaria o ecossistema a se tornar sustentável. No exemplo apresentado na Figura 3.1, observa-se que seria possível aumentar a relevância de alguns atores fundamentais, além de intensificar os relacionamentos entre eles. Os negócios verdes, com uso intensivo de conhecimento que se reflete em novas tecnologias e inovações, têm potencial para movimentar toda uma cadeia produtiva mais sustentável e consciente, contribuindo de forma efetiva para o desenvolvimento sustentável da região na qual atuam.

4

A ECONOMIA CIRCULAR E A INTEGRAÇÃO DAS CADEIAS DE SUPRIMENTOS

Paulo Sérgio de Arruda Ignácio
Izabela Simon Rampasso

ECONOMIA CIRCULAR

Uma das maneiras de interpretar a competitividade de uma empresa é observar a complexidade dos sistemas que envolvem seus produtos, ou seja, ter uma visão de seu meio natural, empresarial, econômico e social. A economia circular compreende essa complexidade e visa à potencialização dos impactos positivos e à redução de impactos negativos.[1]

Ao analisarem mais de uma centena de definições de economia circular presentes na literatura, Kirchherr, Reike e Hekkert[2] verificaram que ações relacionadas a redução, reutilização e reciclagem sobressaíam, enquanto aspectos de sustentabilidade social recebiam pouca atenção. Como resultado dessa extensa análise, os autores propuseram a seguinte definição para o conceito de *economia circular*:

> [...] um sistema econômico que substitui o conceito de "fim de vida" pela redução, alternativamente reutilização, reciclagem e recuperação de

---

[1] Kiss; Dinato & Fernandes, 2017, p. 6.
[2] Kirchherr; Reike & Hekkert, 2017.

materiais nos processos de produção/distribuição e consumo. Atua em nível micro (produtos, empresas, consumidores), nível meso (parques ecoindustriais) e nível macro (cidade, região, nação e além), com o objetivo de alcançar o desenvolvimento sustentável, criando simultaneamente qualidade ambiental, prosperidade econômica e equidade social, em benefício das gerações atuais e futuras. É possibilitado por novos modelos de negócios e consumidores responsáveis.[3]

As soluções podem ser agrupadas em *prolongamento da vida útil* do produto: projeto para longevidade e sistemas de manutenção e circulação, como reutilização, remanufatura, reforma e reciclagem, diretamente relacionados a uma cadeia de suprimentos mais fechada. Nesse sentido, operações de logística reversa têm um papel-chave na operacionalização da economia circular.[4]

Esse círculo[5] se inicia onde a indústria extrai os recursos naturais e é finalizado com a incineração e sua disposição final em aterros de resíduos do sistema. O círculo completo com todos os componentes está apresentado na Figura 4.1.

A concepção desse círculo se inicia no projeto, em que são considerados pontos e diretrizes como desempenho técnico, desempenho econômico e sua contribuição para a competitividade geral do produto.[6] Parte desse sistema se dá através do processo produtivo, que engloba a recepção da matéria-prima, de insumos e a produção – a transformação da matéria-prima em um produto final.[7]

[3] *Idem*, p. 229. Tradução própria.
[4] Esposito; Tse & Soufani, 2018.
[5] Unep/Setac, 2007.
[6] Bevilacqua; Ciarapica & Giacchetta, 2012, p. 28.
[7] Pereira & Oliveira, 2018, p. 878.

FIGURA 4.1. MODELO DE ECONOMIA CIRCULAR

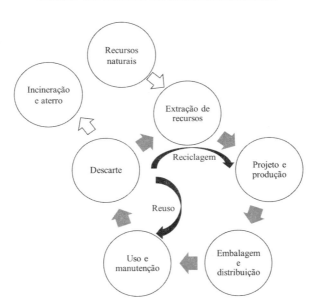

Fonte: adaptado de Unep/Setac, 2007.

Depois de fabricados, os produtos são embalados e distribuídos. Os materiais utilizados na embalagem poderão ser devolvidos à origem, devido a imposições da legislação ambiental, reutilização ou termos econômicos. Esse sistema refere-se à lacuna de tempo e espaço entre os pontos de processamento da empresa e seus clientes.[8]

No momento em que o produto está com o cliente, iniciam-se o uso e sua manutenção – na economia circular é proposto o consumo sustentável. Este envolve a redução de desperdícios, do consumo de recursos naturais e de energias perecíveis.[9] Outro ponto relevante é a utilização eficiente dos recursos para evitar resíduos (ecoeficiência). À medida que esses aspectos são enfatizados, pode-se

[8] Ballou, 2016, p. 29.
[9] Patwa *et al.*, 2021, p. 727.

variar da reciclagem para uma revolução econômica e ecológica, sendo esta a proposta da economia circular.[10]

O sistema de descarte presente na economia circular prevê a proteção da atmosfera sendo aprimorada, interligada, aumentando a eficiência do uso de recursos e materiais na indústria, instalando ou melhorando as tecnologias de redução da poluição e substituindo os clorofluorcarbonos (CFCs) e outras substâncias que destroem a camada de ozônio por substitutos apropriados, além de reduzir resíduos e subprodutos.[11]

Com o descarte correto, o círculo destina os produtos ao sistema de incineração e aterro, porém o elemento (em qualquer estado – sólido, líquido, gás) é normalmente descartado de modo inadequado; dessa maneira, os resíduos tóxicos podem ser perigosos para o meio ambiente, a saúde e o bem-estar da sociedade. Isso mostra a importância do descarte correto dos produtos, de forma que estes retornem ao sistema de recursos naturais.[12]

Outro destino para o descarte de produtos é a proposta do sistema de reciclagem de materiais e componentes, que, com os mecanismos de coleta de diferentes materiais, desloca os resíduos para ajudar a reduzir o uso de recursos virgens, mitigando o impacto sobre a ecologia.[13] Isso se reflete em uma sociedade que, através de leis de reciclagem extensivas, pretende reduzir o aterro e restringir a produção de resíduos, destinando-se os resultados da reciclagem ao sistema de projeto e produção, a fim de gerar novos produtos.[14]

O sistema de reuso pretende retornar o produto ao sistema de uso por meio da economia circular. A economia global não será capaz de sustentar sua atual taxa de crescimento de consumo utilizando o

---

[10] Coenen *et al.*, 2020, p. 2.
[11] ONU, 1992, p. 80.
[12] Patwa *et al.*, 2021, p. 727.
[13] *Idem, ibidem.*
[14] Fitch-Roy; Benson & Monciardini, 2021, p. 5.

que a natureza tem a oferecer.[15] O reuso é um sistema que trabalha a perspectiva de ciclo de vida adequado a um componente, ou seja, estabelece a reutilização de componentes.[16]

Analisando a interação proposta na economia circular, converge-se para a perspectiva do ciclo de vida dos produtos, podendo a economia circular ser importante suporte à sustentabilidade, com seu propósito de diminuir impactos negativos por meio de ações inovadoras em prol do desenvolvimento sustentável.[17]

As relações entre economia circular e o ciclo de vida devem-se às preocupações ambientais e de reciclagem; estas têm espaço significativo na maioria das economias desenvolvidas e tornam-se importantes objetivos no meio político.[18] A economia circular trabalha em conjunto com a inovação e com o projeto dos produtos, e inclui-se na busca por desenvolvimento sustentável. Para isso, baseia-se no princípio de "fechar o ciclo de vida" dos produtos, ou seja, tem como um de seus objetivos a diminuição do uso de energia, matérias-primas e água. Nessa visão, as relações entre as organizações são alteradas, uma vez que estas serão ao mesmo tempo fornecedoras e consumidoras de produtos e/ou componentes ao longo da cadeia produtiva.[19]

A economia circular também evidencia as relações existentes entre o ciclo de vida de um produto e o meio natural, seja na sua origem, no fim da sua vida útil ou quando ele já tenha cumprido sua função.[20]

Ressalta-se que a economia circular pode não ser a alternativa mais sustentável; com isso, a perspectiva do ciclo de vida requer

---

[15] Patwa *et al.*, 2021, p. 726.
[16] Kobayashi; Murata & Fukushige, 2020, p. 389.
[17] De Oliveira Cruz *et al.*, 2019, p. 1.
[18] George; Lin & Chen, 2015.
[19] De Oliveira Cruz *et al.*, 2019, p. 2.
[20] Kiss; Dinato & Fernandes, 2017, p. 12.

uma análise entre o berço e o túmulo do produto a fim de embasar este estudo. A perspectiva do ciclo de vida revela a ótica de tornar os produtos um grande ciclo natural; porém, dependendo do escopo, da unidade funcional e das dimensões de análise ambiental escolhidas, chega-se a resultados distintos.[21]

As oportunidades dos negócios sustentáveis revelam às empresas a necessidade de estudar e entender melhor o ciclo de vida do produto. Os resultados serão obtidos através da compreensão do uso de recursos, transporte, produto, reutilização ou reciclagem e descarte, ou seja, obtém-se eficácia ao avaliar os sistemas que envolvem os produtos. A perspectiva do ciclo de vida pode identificar as vantagens e as desvantagens dos requisitos de fabricação, uso e fim da vida útil, sendo essencial integrar os resultados ao processo de tomada de decisão da empresa.[22]

Quando são relacionados à tomada de decisão, esses resultados norteiam as empresas na comparação de sistemas de produtos e na identificação do que será necessário para caminhar rumo à sustentabilidade. Dessa forma, as empresas podem apoiar projetos ecológicos e o fornecimento de informações para orientar os consumidores. Com o uso de técnica que utilize o ciclo de vida, será possível mapear os impactos em um sistema de produto, ou seja, melhorar fisicamente os produtos. Isso conscientizará sobre os impactos dos processos e ajudará a identificar as fontes desses impactos, convergindo o foco para a busca de soluções sustentáveis.[23]

Ao buscarem o ponto mais eficaz e eficiente para fazer melhorias em diferentes estágios do ciclo de vida do produto, as empresas inevitavelmente terão de agir em pontos além de suas operações

---

[21] Coelho Filho; Junior & Luedemann, 2016, p. 15.
[22] Hunkeler *et al.*, 2004, p. 17.
[23] Parent; Cucuzzella & Revéret, 2013, p. 1.647.

internas e desenvolver ações eficientes.[24] A partir disso, fica claro que a interligação entre o consumo (que impulsiona as cadeias de produção de bens e serviços) e as atividades de produção (que podem oferecer oportunidades econômicas) possibilita a livre capacidade de consumo mais sustentável.[25]

Apesar dos benefícios potenciais advindos da implementação desse sistema, existem importantes barreiras a serem superadas. Grafström e Aasma[26] argumentam que as barreiras à concretização da economia circular se dividem em culturais e sociais (dificuldades para alterar a cultura das empresas e a forma de funcionamento das cadeias de suprimentos, bem como para despertar a preocupação dos consumidores), de mercado (inexistência de mercados para produtos que retornam à cadeia produtiva, ou mercados existindo de maneira precária, sem garantias de qualidade, com incertezas de fornecimentos e com poucos incentivos econômicos), tecnológicas (necessidade de desenvolver produtos que retornem à cadeia produtiva depois do uso inicial, com uma gestão de resíduos adequada e pessoas capacitadas a utilizar tecnologias que auxiliam a operacionalização da economia circular), e institucionais (observadas principalmente pela falta de incentivos governamentais, via legislação). Kofos *et al.*[27] ressaltam ainda que, quando há incentivos governamentais para a implementação de uma economia circular, estes podem ser muitas vezes utilizados de maneira indevida. Sem um monitoramento adequado, o uso indevido pode não ser identificado pelas autoridades competentes.

Na Comunidade Europeia, por exemplo, para atingirem as metas de sustentabilidade, é importante que empresas, autoridades governamentais e legisladores de políticas busquem maior

---

[24] Hunkeler *et al.*, 2004, p. 29.
[25] Unep, 2009, p. 23.
[26] Grafström & Aasma, 2021.
[27] Kofos *et al.*, 2022.

transparência e visibilidade nos fluxos da economia circular, para melhor monitorá-los e controlá-los.[28]

CADEIA DE SUPRIMENTOS E A LOGÍSTICA REVERSA

Quando se debate sobre a economia circular na gestão de suprimentos, vários conceitos, como cadeias de suprimentos *sustentáveis*, cadeias de suprimentos *verdes*, cadeias de suprimentos *ambientais* e cadeias de suprimentos de *circuito fechado*, entre outros, são introduzidos e usados de forma combinada para expressar a integração dos conceitos de sustentabilidade em cadeia de suprimentos.

Para Farooque *et al.*,[29] apesar da relação entre todos esses termos com a sustentabilidade, com diferenças de nível de integração, nenhum deles se integra de maneira sistemática na lógica da economia circular aplicada à cadeia de suprimentos. Os autores propõem a definição a seguir como apropriada para o conceito de gestão da cadeia de suprimentos circular:

> A gestão da cadeia de suprimentos circular é a integração do pensamento circular na gestão da cadeia de suprimentos e seus ecossistemas industriais e naturais circundantes. Ela restaura sistematicamente materiais técnicos e regenera materiais biológicos em direção a uma visão de desperdício zero, por meio de inovação em todo o sistema, em modelos de negócios e funções da cadeia de suprimentos, desde o *design* de produtos/serviços até o fim da vida útil e gerenciamento de resíduos, envolvendo todas as partes interessadas em um ciclo de vida do produto/serviço, incluindo fabricantes de peças/produtos, prestadores de serviços, consumidores e usuários.[30]

---

[28] Rukanova *et al.*, 2021b; 2021a.
[29] Farooque *et al.*, 2019.
[30] *Idem*, p. 884.

A definição proposta pelos autores melhora significativamente as definições anteriores com o acréscimo de uma dimensão regenerativa, considerando todos os processos envolvidos dentro da cadeia de suprimentos, além de englobar produtos e serviços. O Quadro 4.1 explica as diferentes abordagens sobre cadeia de suprimentos, enquanto a Figura 4.2 ilustra as diferenças entre os macrofluxos.

QUADRO 4.1. SUSTENTABILIDADE APLICADA
À GESTÃO DA CADEIA DE SUPRIMENTOS

Sustentabilidade na gestão da cadeia de suprimentos (termos)	Dimensão da sustentabilidade			Integração da economia circular	
	Ambiental	Econômica	Social	Restauradora	Regenerativa
Gestão da cadeia de suprimentos sustentável	X	X	X	X	
Gestão da cadeia de suprimentos verde	X	X		X	
Gestão da cadeia de suprimentos ambiental	X	X		X	
Cadeia de suprimentos com circuito fechado	X	X		X	

Fonte: adaptado de Farooque *et al.*, 2019.

Uma das diferenças significativas na evolução de uma cadeia de suprimentos sustentável ou verde para uma cadeia de suprimentos circular é a capacidade de esta última melhorar os fluxos operacionais de uma dimensão restauradora para uma regenerativa. A dimensão restauradora define-se pela capacidade de produtos/materiais em fim de vida se tornarem nutrientes técnicos por meio de reparo, reforma, remanufatura e reciclagem, enquanto a dimensão regenerativa define-se pela capacidade de produtos/materiais em fim de vida se tornarem nutrientes biológicos e parte da biosfera, como capital natural para reutilização. Dessa forma, é possível aumentar a eficiência dos recursos usados, elevar a lucratividade das organizações e reduzir os impactos negativos no meio ambiente, na sociedade e na economia.[31]

FIGURA 4.2. DIFERENÇAS ENTRE OS MACROFLUXOS DAS CADEIAS DE SUPRIMENTOS

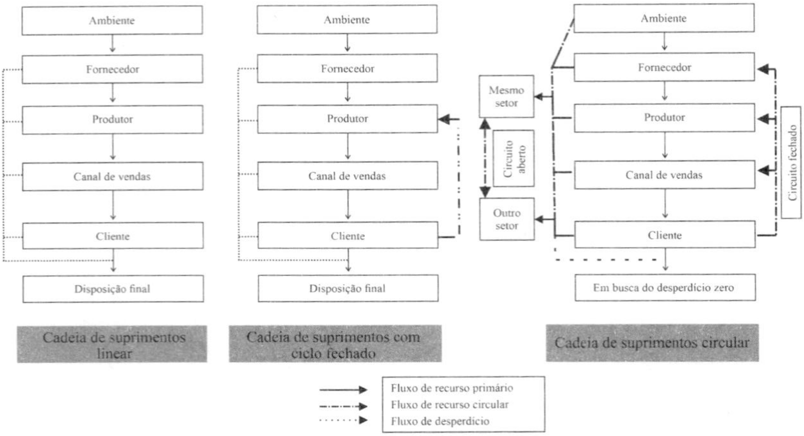

Fonte: adaptado de Farooque *et al.*, 2019.

Conforme é demonstrado na Figura 4.2, a gestão de cadeias de suprimentos linear foca a produção e a entrega de produtos aos consumidores finais; tais produtos são descartados após seu uso, na maioria das vezes em aterros sanitários. Na gestão de cadeias de suprimentos com ciclo fechado, os impactos negativos ambientais são reduzidos, uma vez que embalagens e produtos usados retornam aos produtores; entretanto, nesse tipo de gestão, essa recuperação ocorre de maneira limitada, não incluindo cadeias de suprimentos secundárias ou membros novos para atuar de maneira auxiliar. Nesse sistema, há ainda grande geração de resíduos. Uma cadeia de suprimentos circular, por sua vez, pode ir além, recuperando valor dos resíduos, colaborando

---

[31] *Idem.*

com outras organizações do setor industrial (circuito aberto, mesmo setor) ou com diferentes setores industriais.[32]

O desempenho da cadeia de suprimentos de uma empresa afeta diretamente o desempenho organizacional e sua competitividade, e a transição de uma cadeia linear para uma circular é um processo desafiador para as organizações. Entretanto, é importante destacar os ganhos resultantes da implementação desse tipo de cadeia, uma vez que há maior eficiência no uso de recursos e nos aspectos de sustentabilidade.[33]

Beiler et al.[34] afirmam que, apesar das oportunidades de melhorias ao longo das cadeias de valor, na economia circular, ainda existem diversas barreiras a ser superadas, principalmente devido às incertezas dos cenários atuais, exigindo planejamento para ações futuras. As organizações precisam realizar profundas modificações em seus processos e em sua forma de gestão em todos os setores, a fim de viabilizar essa transformação.

Quando esses desafios são investigados sob a perspectiva macro, o principal fator é a transformação de toda a cadeia de suprimentos de acordo com os principais elementos da economia circular, como os propostos pela Ellen MacArthur Foundation (2015): 1) projeto de produto circular, 2) modelos de negócios servitizados, 3) logística reversa e 4) facilitadores. É improvável que uma empresa redesenhe toda a cadeia de suprimentos repentinamente; é mais viável focar os elementos da economia circular individualmente.[35]

As análises sobre as barreiras à gestão da cadeia de suprimentos circular se dão a respeito da tipologia econômica entre nações, como emergentes ou desenvolvidas, relacionando as práticas de

---

[32] Farooque et al., 2019; Vegter; Van Hillegersberg & Olthaar, 2020.
[33] Ozkan-Ozen; Kazancoglu & Kumar Mangla, 2020; Vegter; Van Hillegersberg & Olthaar, 2020.
[34] Beiler et al., 2020.
[35] Ozkan-Ozen; Kazancoglu & Kumar Mangla, 2020.

sucesso, assim como há barreiras aos próprios conceitos aplicados à sustentabilidade de forma geral, que são completados por categorias como desafios governamentais, desafios tecnológicos, desafios de conhecimento e habilidades, desafios de gestão, desafios de estrutura, desafios sociais e desafios de mercado.[36] Considerando as políticas aplicadas em economias emergentes, destaca-se o predomínio da logística reversa como principal elemento que integra cadeias de suprimentos sustentáveis, de ciclos fechados, até consolidando a cadeia de suprimentos circular.

A logística reversa inicialmente pode parecer unicamente uma inversão da logística tradicional; entretanto, apesar de compartilhar o uso de processos característicos da tradicional, a logística reversa precisa ser entendida como um recurso adicional, o qual pode ser fonte de lucros.[37]

Para melhor entendimento dos fluxos logísticos, considera-se a definição do Conselho de Profissionais de Gerenciamento da Cadeia de Suprimentos,[38] atualizada desde 2013.

> O gerenciamento de logística é a parte do gerenciamento da cadeia de suprimentos que planeja, implementa e controla o fluxo e o armazenamento eficiente e reverso de mercadorias, serviços e informações relacionadas entre o ponto de origem e o ponto de consumo, a fim de atender aos requisitos dos clientes. As atividades de gerenciamento de logística geralmente incluem gerenciamento de transporte de entrada e saída, gerenciamento de frota, armazenamento, manuseio de materiais, atendimento de pedidos, projeto de rede logística, gerenciamento de estoque, suprimentos/planejamento de demanda e gerenciamento de prestadores de serviços de logística terceirizados. Em graus variados, a função de logística também inclui fornecimento e aquisição, planejamento

---

[36] Farooque *et al.*, 2019; Ozkan-Ozen; Kazancoglu & Kumar Mangla, 2020; Vegter; Van Hillegersberg & Olthaar, 2020.
[37] Leite, 2017.
[38] CSCMP, 2022.

e programação de produção, embalagem e montagem e atendimento ao cliente. Está envolvida em todos os níveis de planejamento e execução – estratégico, operacional e tático. A gestão logística é uma função que coordena e otimiza todas as atividades logísticas, bem como integra as atividades logísticas com outras funções, incluindo *marketing*, vendas, manufatura, finanças e tecnologia da informação.[39]

A integração de ações na logística reversa deve minimizar a geração de resíduos e ao mesmo tempo reconhecer a qualidade desses resíduos para reaproveitamento e reciclagem, preferencialmente inseridos em políticas públicas, estabelecidos em planos governamentais de gerenciamento de resíduos sólidos.

Resíduos sólidos são todos aqueles resíduos nos estados sólidos e semissólidos que resultam da atividade da comunidade, de origem: industrial, doméstica, hospitalar, comercial, de serviços de varrição ou agrícola, resíduos gerados em equipamentos e instalações de controle de poluição, e líquidos que não possam ser lançados na rede pública de esgotos, em função das suas particularidades.[40]

Nesse sentido, a logística reversa é um instrumento muito importante da Política Nacional de Resíduos Sólidos estabelecida no Brasil. A política estabelecida pela lei n. 12.305 de 2 de agosto de 2010 é um dos instrumentos que ainda precisam ser efetivamente implementados no país, que frequentemente obtém ótimos desempenhos na coleta de latas de alumínio, embalagens de fertilizantes, alguns tipos de produtos eletrônicos e garrafas pet, mas ainda tem dificuldades nas políticas públicas de coletas segregadas de produtos, sendo isso uma barreira para o desenvolvimento de uma cadeia de suprimentos circular, pós--consumo e até pós-vendas. Um fluxo logístico reverso organizado e planejado de modo integrado a práticas públicas e privadas permite

---

[39] *Idem*, p. 117.
[40] Enap, 2017, p. 8.

efetivamente o avanço para uma economia circular estruturada sobre cadeias de suprimentos eficazmente operacionais.

Nesse contexto, as cadeias de suprimentos reversas podem ser encontradas em muitos setores diferentes, e a variedade de produtos remanufaturados é ampla: há empresas especializadas em produtos eletrônicos de entretenimento (por exemplo, computadores, telefones celulares e sistemas de navegação), equipamentos médicos (maquinaria pesada e mobiliário de escritório); cabe também destacar a relevância da indústria automotiva nesse contexto. Há três formas de devolução de peças que podem ocorrer nessa indústria: 1) as devoluções feitas via *recall*; 2) as devoluções comerciais; e 3) as devoluções feitas no fim do uso do produto. Os produtos devolvidos em alguma dessas três possibilidades são remanufaturados. Entretanto, um desafio importante para as empresas do setor é otimizar as operações logísticas relacionadas a esse processo.[41]

De forma geral, vários processos que já fazem parte da cadeia de suprimentos em um modelo de negócios linear devem mudar seu foco para permitir a transição a um modelo de negócios circular, incluindo o uso de tecnologias incentivadas pelos conceitos da Indústria 4.0, que fortalece a integração de recursos produtivos em diferentes ambientes virtuais, com compartilhamento seguro, por exemplo, aplicando *blockchain* para assegurar rastreabilidade e controle dos fluxos operacionais.[42]

---

[41] Casper & Sundin, 2018.
[42] Kofos *et al.*, 2022.

5
A SUSTENTABILIDADE EMPRESARIAL

Rosley Anholon
Gustavo Hermínio Salati Marcondes de Moraes
Marco Antonio Figueiredo Milani Filho

O PAPEL DAS EMPRESAS NA SOCIEDADE

O papel das empresas e de outros agentes no contexto social sempre foi motivo de debates, envolvendo diferentes perspectivas filosóficas. Em uma visão mais tradicional, as empresas são, antes de tudo, agentes econômicos. Integram o complexo sistema de trocas existente no mercado e, junto com os demais atores (famílias e governo), demandam e ofertam recursos escassos. Com extrema relevância no funcionamento de qualquer economia, as empresas, representadas por pessoas jurídicas, também podem ser compreendidas como nexos contratuais com direitos de propriedade sobre os fatores de produção.[1]

Em especial nas últimas décadas, a visão da sociedade acerca do valor gerado pelas empresas tem mudado consideravelmente.[2] Apesar de o conceito de responsabilidade social de uma empresa existir no mundo acadêmico desde a década de 1950,[3] a ideia de que uma empresa deveria gerar valor para além de seus *shareholders*

---

[1] Coase, 1937; Franklin, 1998; Jensen & Meckling, 1976.
[2] Matsutani *et al.*, 2022.
[3] Ashrafi *et al.*, 2018.

(acionistas) só ganhou força nas últimas décadas. Na referida concepção, a empresa deveria pautar suas estratégias equilibrando as dimensões econômicas, sociais e ambientais à luz dos conceitos do *Triple Bottom Line* (TBL);[4] em outras palavras, deve proporcionar valor a todas as partes interessadas, os chamados *stakeholders*.[5]

Outro conceito interessante e plausível de ser adotado na análise das ações empresariais, e que surgiu no início dos anos 2000, foi o modelo dos cinco capitais, segundo o qual se podem avaliar os impactos de uma organização (positivos ou negativos) à luz dos conceitos de capital construído, capital humano, capital financeiro, capital natural e capital social, acerca dos quais as organizações empresariais devem sempre prestar contas.[6] Trata-se de um processo muito parecido do qual emerge o "problema da agência" em governança corporativa. Em linhas gerais, o problema de agência decorre da separação entre a posse e a gestão, devendo o gestor prestar contas ao proprietário daquele bem sobre o uso e os resultados providos.[7] Na concepção atual, a empresa não se caracteriza como proprietária dos recursos naturais e sociais; ela os utiliza para gerar resultados, e a sociedade, a real detentora, deve avaliar o quanto estão sendo bem utilizados ou não.[8]

Emerge assim cada vez mais o conceito de Responsabilidade Social Corporativa (RSC). Quando analisada a literatura acadêmica, muitas são as definições apresentadas para RSC. Em um estudo realizado no ano de 2008, Dahlsrud analisou 37 definições diferentes de RSC e verificou que questões ambientais, questões sociais, de voluntariado, aspectos econômicos e gestão das partes interessadas se caracterizavam como o cerne da referida temática.[9] Para Milani

---

[4] Elkington, 2013.
[5] Ahmed; Mubarik & Shahbaz, 2021.
[6] Sigma Project, 2003.
[7] IBGC, 2015.
[8] Crowther; Seifi & Wond, 2019; Fransen, 2018; Hu & Loh, 2018.
[9] Dahlsrud, 2008.

Filho,[10] as políticas e práticas voltadas ao fortalecimento e ao favorecimento das relações da empresa com todos os *stakeholders*, inclusive a comunidade e o governo, que legitimamente possuem interesse direto ou indireto em sua cadeia de negócios e respectivas externalidades, caracterizam a RSC.

Por sua grande aceitação tanto no mundo acadêmico quanto no mundo empresarial, e também abrangência, utilizaremos neste capítulo a definição de responsabilidade social de organizações apresentada pela norma ISO 26000. Segundo essa norma, responsabilidade social de uma organização

> [...] é a responsabilidade pelos impactos de suas decisões e atividades na sociedade e no meio ambiente, por meio de um comportamento ético e transparente que: contribua para o desenvolvimento sustentável, inclusive a saúde e o bem-estar da sociedade; esteja em conformidade com a legislação aplicável e seja consistente com as normas internacionais de comportamento; e esteja integrada em toda a organização e seja praticada em suas relações.[11]

O vínculo entre a RSC e a sustentabilidade empresarial é claro ao evidenciar que o atendimento às expectativas e aos interesses dos *stakeholders* favorece o relacionamento com fornecedores, clientes, funcionários, acionistas, órgãos fiscalizadores, representantes da sociedade civil, entre outros. A melhor comunicação entre as partes torna-se essencial para a redução da assimetria informacional, beneficiando o processo decisório entre os envolvidos e diminuindo entraves de seleção adversa, risco moral e monopólios de conhecimento.[12]

As empresas consideradas sustentáveis são aquelas que reúnem condições no presente de projetar situações futuras nas quais consigam se manter competitivas, gerando valor tanto para o negócio

---

[10] Milani Filho, 2008.
[11] ABNT-ISO, 2010, p. xi.
[12] Verrecchia, 2001.

quanto para a comunidade. Essa perspectiva de sustentabilidade corporativa se afasta, consideravelmente, da visão mais simplista de que empresas sustentáveis são somente aquelas que colaboram com a preservação ambiental e nada mais que isso. Evidencia-se assim que a RSC não se caracteriza como um modismo ou conjunto de ações decorrentes do isomorfismo institucional, como já argumentavam DiMaggio e Powell,[13] mas sim como uma estratégia.

Por fim, cabe lembrar a grande contribuição que as organizações empresariais podem prover aos 17 Objetivos de Desenvolvimento Sustentáveis das Nações Unidas. Lançados em 2015, esses objetivos são uma evolução dos Objetivos do Milênio e apresentam 169 metas divididas em 17 temáticas que, se alcançadas, podem mudar consideravelmente os padrões da sociedade para melhor.[14] Indiretamente, as empresas podem contribuir para o cumprimento de todos os 17 objetivos, mas, para a conquista de alguns deles – como, por exemplo, dos objetivos 5, 8, 9 e 12 –, seu papel pode ser destacado. O objetivo 5 relaciona-se à igualdade de gênero;[15] o objetivo 8 relaciona-se a crescimento econômico e trabalho decente; o objetivo 9, a indústria, inovação e infraestrutura; e o objetivo 12, a produção e consumo responsáveis.[16]

ISO 26000 E ISO 16001: PRINCIPAIS CARACTERÍSTICAS E DIFERENÇAS

A ISO 26000 caracteriza-se como um documento muito importante para as empresas, ao apresentar diretrizes gerais sobre responsabilidade social. Em termos de estrutura, a norma é

---

[13] DiMaggio & Powell, 1983.
[14] United Nations – Department of Economic and Social Affairs, 2020.
[15] Cazeri *et al.*, 2021.
[16] Martins *et al.*, 2020.

composta por sete seções, apresentando diretrizes amplas para que as empresas possam entender os principais aspectos associados à Responsabilidade Social Corporativa (RSC). Na primeira seção são evidenciadas orientações para todo tipo de organização, independentemente de setor de atuação ou tamanho; na segunda seção são apresentados diversos termos e definições. A terceira seção é dedicada à compreensão da RSC, na qual se realiza o alinhamento entre esta e o desenvolvimento sustentável.[17] A partir da quarta seção são observados conteúdos mais densos.

A quarta seção apresenta os princípios de responsabilidade social, sendo eles: transparência, *accountability* (responsabilidade), comportamento ético, respeito pelas partes interessadas, respeito pelas normas internacionais de comportamento, respeito pelo estado de direito e respeito pelos direitos humanos. A quinta seção foca o debate de duas práticas fundamentais: o reconhecimento da responsabilidade social por parte da empresa e a identificação e o engajamento das partes interessadas. A sexta seção apresenta os temas centrais da responsabilidade social, acerca dos quais espera-se que a organização desenvolva suas práticas (direitos humanos, envolvimento e desenvolvimento da comunidade, práticas de trabalho, meio ambiente e práticas leais de operação). A sétima seção, por sua vez, evidencia a integração da responsabilidade social em toda a organização, na espera de que as práticas desenvolvidas pela empresa sejam adequadamente relacionadas, comunicadas, analisadas, aprimoradas, fortalecidas e compreendidas, e que iniciativas voluntárias sejam desenvolvidas.[18]

Torna-se importante diferenciar a norma ISO 26000 da norma ISO 16001. Enquanto a primeira, como mencionado, apresenta diretrizes sobre responsabilidade social e não visa à certificação, a

---

[17] ABNT-ISO, 2010.
[18] *Idem.*

segunda é passível de certificação. Há de destacar que a certificação na ISO 16001 não vai garantir o cumprimento total das diretrizes presentes na ISO 26000.[19] Inclusive, no Anexo G da ISO 16001 é apresentado um comparativo dos conteúdos das referidas normas.[20]

Um aspecto muito destacado tanto nas normas ISO 26000 e ISO 16001 quanto na literatura da área de sustentabilidade empresarial é a necessidade de que as práticas de RSC sejam desenvolvidas de forma integrada em toda a organização.[21] Para que possam prover resultados verdadeiros, espera-se que tais práticas estejam alinhadas às estratégias da empresa e aos demais sistemas de gestão vigentes.[22] Infelizmente, ainda são poucas as empresas que desenvolvem práticas de RSC nos moldes mencionados. Um interessante estudo nesse sentido foi desenvolvido por Cazeri *et al.*[23] e merece aqui ser citado.

Valendo-se de um *framework* (uma estrutura) desenvolvido por Asif *et al.*[24] para integrar práticas de RSC aos demais sistemas de gestão, Cazeri *et al.*[25] realizaram uma *survey* ou enquete com especialistas para avaliar como empresas brasileiras obtinham a referida integração. Notou-se que de maneira geral a integração ocorria de forma superficial e pouco estruturada, e a fase de planejamento das práticas de RSC, comparativamente às fases de execução, verificação e ação para melhoria contínua, acabava sendo a mais negligenciada. Logicamente o estudo de Cazeri *et al.*[26] apresenta uma visão geral sobre a realidade das empresas brasileiras, sendo importante destacar que é possível encontrar, no

---

[19] ABNT-NBR, 2012, p. 45.
[20] *Idem.*
[21] ABNT-ISO, 2010; ABNT-NBR, 2012.
[22] Cazeri *et al.*, 2018.
[23] *Idem.*
[24] Asif *et al.*, 2013.
[25] Cazeri *et al.*, 2018.
[26] *Idem.*

referido segmento organizacional, algumas empresas de excelência nas quais a integração das práticas de RSC com a estratégias e os demais sistemas de gestão ocorre. Anholon *et al*.[27] apresentam um exemplo nesse sentido.

OUTRAS NORMAS ISO RELACIONADAS À SUSTENTABILIDADE EMPRESARIAL

Muitas são as normas ISO passíveis de ser adotadas pelas empresas em diferentes temáticas. Quando consideradas aquelas voltadas à implantação de sistemas de gestão, uma característica cada vez mais marcante, principalmente após 2015, é a linguagem de alto nível, que proporciona facilidades na integração com outros sistemas adotados pela organização. Outra característica é a necessidade de identificação das partes interessadas e de seus objetivos, procurando atendê-los. Aliás, cabe mencionar a importância das normas ISO como um conjunto de conhecimentos acessíveis e bem estruturados para os gestores.[28]

Além das normas ISO 26000 e 16001, cujos conteúdos já foram brevemente comentados na seção anterior, serão aqui apresentadas as normas ISO 14001, ISO 50001, ISO 20400 e ISO 14040, cujos conteúdos possuem correlação direta com a sustentabilidade empresarial.

A norma ISO 14001 apresenta requisitos relativos a um Sistema de Gestão Ambiental (SGA):

> Um sistema de gestão é definido como um conjunto de elementos inter-relacionados ou interativos de uma organização para estabelecer políticas, objetivos e processos visando alcançar esses objetivos (ABNT--NBR, 2015, p. 1); um sistema de gestão ambiental, por sua vez, é usado

[27] Anholon *et al.*, 2016.
[28] *Idem*, 2022.

para gerenciar os aspectos ambientais, cumprir requisitos legais e outros requisitos e abordar riscos e oportunidades.[29]

Trata-se de uma norma passível de certificação cuja estrutura toma por base o ciclo PDCA (*Plan, Do, Check, Act*). Assim como outras normas, a ISO 14001 é genérica, não especificando porte nem setor de atuação da empresa. A versão vigente é a de 2015; ela possui dez seções, sendo que os requisitos passíveis de certificação são apresentados a partir da seção 4.

A seção 4 é dedicada ao contexto da organização; a seção 5, aos aspectos de liderança; a seção 6, aos requisitos referentes ao planejamento, nos quais, por exemplo, se avaliam riscos e oportunidades em relação aos aspectos ambientais e se definem os objetivos a serem alcançados. A seção 7 é dedicada aos aspectos de apoio (exemplos, definições de competências, comunicação e mecanismos para criação e controle de documentação); a seção 8 foca a operação, com os planejamentos operacionais e a preparação a respostas de emergência; a seção 9 avalia o desempenho dos aspectos ambientais, e, por fim, a seção 10 foca a melhoria.[30]

Uma característica muito interessante em relação a essa versão da norma é que não há obrigatoriedade de manuais ou procedimentos, como ocorria em versões anteriores. Além disso, a norma estimula que as empresas sejam proativas na melhoria da proteção ambiental.[31] A implantação e a manutenção de um SGA não são tarefas fáceis e exigirão que desafios sejam superados; entretanto, benefícios também podem ser alcançados, como melhoria nos processos da empresa, crescimento da confiabilidade da marca e da imagem da empresa, entre outros.[32]

[29] ABNT-NBR, 2015.
[30] *Idem.*
[31] *Idem.*
[32] Oliveira & Serra, 2010.

A ISO 50001 é uma norma dedicada à adoção de Sistemas de Gestão da Energia (SGE), apresentando requisitos com orientações para uso. Pelo fato de a versão vigente ser a de 2018, apresenta estrutura muito próxima à da ISO 14001, visando facilitar a integração dos sistemas. São dez seções, sendo que os títulos das seções são os mesmos da ISO 14001. O objetivo principal da referida norma é implantar planos de ações e processos para alcançar os objetivos e as metas energéticas.[33]

Quando comparados aos desafios enfrentados pelas empresas ao estabelecimento de um SGA, ainda são muitos os encontrados por elas à implantação de um SGE, e essa foi a temática de estudo de Rampasso *et al*.[34] Dentre os principais desafios apontados pelos referidos autores, podem ser citados a limitação de recursos, a dificuldade em determinar os indicadores de desempenho a serem utilizados para mensurar a evolução dos sistemas energéticos da organização, a falta de profissionais treinados e conhecedores do assunto, a dificuldade em conseguir consultores externos para a implantação da norma ISO 50001 quando comparada a outras, como as ISO 9001 e 14001, entre outros aspectos.[35]

A adoção da norma ISO 50001 por parte das empresas no mundo ainda é muito desigual, variando de país para país. Quando analisados países como Alemanha e China, observa-se grande quantidade de empresas que buscam a certificação para essa norma, ao passo que no Brasil ainda são poucas as empresas interessadas.[36]

A norma ISO 20400 é dedicada às compras sustentáveis, sendo a versão vigente de 2017. Segundo a própria norma,

---

[33] ABNT-NBR, 2018, p. 2.
[34] Rampasso *et al*., 2019.
[35] *Idem*.
[36] ISO, 2020.

[...] compras são um instrumento poderoso para todas as organizações que queiram se comportar de forma responsável e contribuir para o desenvolvimento sustentável e para o alcance dos Objetivos de Desenvolvimento Sustentável das Nações Unidas.[37]

A ISO 20400 é composta por sete seções, sendo a seção 1 dedicada aos aspectos de escopo; a seção 2, às referências normativas; a seção 3, aos termos e definições; a seção 4, à compreensão dos fundamentos (conceitos, princípios, temas centrais, motivadores e considerações-chave associados a compras sustentáveis); a seção 5, à integração da sustentabilidade na política e à estratégia de compras da organização (comprometimento, *accountability*, alinhamento com os objetivos e metas da organização, práticas de compras e gerenciamento da implantação); a seção 6, à organização da função de compras para sustentabilidade (governança de compras; habilitação de pessoas; identificação e engajamento das partes interessadas; prioridades em compras sustentáveis; medição e melhoramento do desempenho; mecanismo de reclamação); e a seção 7, à integração da sustentabilidade no processo de compra (construção a partir do processo existente; planejamento; integração da sustentabilidade aos requisitos; gerenciamento de contrato e análise crítica).[38]

Bem alinhada aos conceitos do TBL, a norma ISO 20400 recomenda a adoção de práticas tanto ambientais quanto sociais nos processos de compras.[39] Entretanto, no geral, quando empresas adotam práticas sustentáveis nos processos de compras, elas tendem a desenvolver mais os aspectos ambientais do que os aspectos sociais.[40] Em seu estudo, focando empresas brasileiras do setor de manufatura

---

[37] ABNT-NBR, 2017, p. vii.
[38] *Idem.*
[39] *Idem.*
[40] Barbanti *et al.*, 2022.

e o processo de compras sustentáveis, Barbanti *et al.*[41] notaram o seguinte: uma porcentagem significativa de empresas não considera práticas sociais em seu processo de compras; as práticas sociais, quando adotadas, são menos estruturadas e em geral não possuem procedimentos de adoção.

A norma ISO 14040 propõe uma estrutura para a Avaliação de Ciclo de Vida (ACV).[42] Por meio dessa técnica, almeja-se verificar os possíveis impactos gerados por produtos desde a extração da matéria-prima até o seu descarte,[43] sendo viável sua aplicação também em serviços.[44]

A estrutura de Avaliação de Ciclo de Vida é composta pelas seguintes fases: definição de objetivos e escopo, avaliação de inventário, avaliação de impacto e interpretação.[45] É interessante que a interpretação vá ocorrendo ao longo de todas as fases e que, se necessário, o profissional que está executando a ACV retroceda à fase anterior para melhores ajustes nos objetivos e no escopo. Muitas são as aplicações diretas de um estudo de ACV, podendo-se citar o aperfeiçoamento de produtos, a melhoria de processos, o planejamento estratégico da empresa, a elaboração de políticas públicas, entre outros.[46]

Torna-se importante destacar alguns pontos evidenciados pela norma ISO 14040 em relação à ACV:

> 1) Não existe um método único para se conduzir uma ACV; [...] 2) A ACV enfoca impactos ambientais potenciais e não prevê impactos ambientais absolutos ou precisos devido a diversos fatores; [...] 3) A fase de inventário de ciclo de vida, em conjunto com as outras fases de ACV, fornece uma

[41] *Idem.*
[42] ABNT-ISO, 2009.
[43] Rampasso *et al.*, 2021.
[44] Silva *et al.*, 2021.
[45] ABNT-ISO, 2009.
[46] *Idem.*

perspectiva sistêmica de questões ambientais e de recursos para um ou mais sistemas de produto; [...] 4) a interpretação do ciclo de vida utiliza um procedimento sistemático para identificar, qualificar, conferir, avaliar e apresentar as conclusões baseadas nas constatações de uma ACV, com objetivo de satisfazer os requisitos da aplicação descritos no objetivo e escopo do estudo.[47]

OS RELATÓRIOS DE SUSTENTABILIDADE COMO MECANISMOS DE GOVERNANÇA

Os relatórios de sustentabilidade são instrumentos extremamente importantes no contexto da sustentabilidade empresarial.[48] É por meio deles que as organizações podem apresentar suas ações nas esferas sociais e ambientais e evidenciar como estão contribuindo para o desenvolvimento sustentável.[49] Em geral, também é possível verificar se essas ações são integradas às demais estratégias empresariais ou se se caracterizam como ações soltas e desconectadas.

Recomenda-se que, ao publicarem um relatório de sustentabilidade, as empresas sigam o padrão difundido pela Global Reporting Initiative (GRI), que, segundo a própria organização, tem como principal objetivo facilitar a comunicação do impacto de questões críticas de sustentabilidade.[50] O padrão GRI atualmente é composto por Padrões Universais (GRI 101, GRI 102, GRI 103) e Padrões de Tópicos específicos (GRI 200, 300, 400) (GRI, 2018). O conteúdo de cada padrão é apresentado pela Figura 5.1.

---

[47] *Idem.*
[48] Moravcikova; Stefanikova & Rypakova, 2015.
[49] Borges *et al.*, 2018; Moravcikova; Stefanikova & Rypakova, 2015.
[50] GRI, 2018.

FIGURA 5.1. CONTEÚDO DE CADA PADRÃO GRI

Tópicos universais do GRI	Tópicos específicos do GRI
GRI 101: Base Princípios do relatório; Uso do padrão GRI para relatórios de sustentabilidade; Reivindicação relacionada ao uso do padrão GR	**GRI 200: Econômico** Performance econômica (GRI 201); Presença de mercado (GRI 202); Impactos econômicos indiretos (GRI 203); Compras (GRI 204); Anticorrupção (GRI 205); Comportamento anticompetitivo (GRI 206); Impostos (GRI 207)
GRI 102: Divulgações gerais Perfil da organização; Estratégia; Ética e integridade; Governança; Engajamento das partes interessadas; Práticas de comunicação	**GRI 200: Ambiental** Materiais (GRI 301); Energia (GRI 302); Água e afluentes (GRI 303); Biodiversidade (GRI 304); Emissões (GRI 305); Resíduos (GRI 306); Análise ambiental dos fornecedores (GRI 308)
GRI 103: Abordagem gerencial Explicação do tópico e seus limites; A abordagem gerencial e seus componentes; Avaliação da abordagem gerencial	**GRI 300: Social** Emprego (GRI 401); Relação funcionário-gestor (GRI 402); Saúde ocupacional e segurança (GRI 403); Treinamento e educação (GRI 404); Diversidade e igualdade de oportunidades (GRI 405); Não discriminação (GRI 406); Liberdade de associação e barganha (GRI 407); Trabalho infantil (GRI 408) Trabalho forçado ou compulsório (GRI 409); Práticas de segurança (GRI 410); Direitos indigenas (GRI 411); Comunidades locais (GRI 413); Análise social de fornecedores (GRI 414); Políticas públicas (GRI 415); Saúde e segurança do cliente (GRI 416); Marketing e marcações (GRI 417); Privacidade do cliente (GRI 418)

Fonte: adaptado de GRI, 2018.

Torna-se importante mencionar que o padrão difundido pela Global Reporting Initiative (GRI) se caracteriza como uma recomendação, e muitas empresas, quando o adotam, ainda não o fazem de forma plena, não apresentando informações para alguns dos itens mencionados na Figura 5.1 ou então apresentando-as de forma superficial.[51] Como exemplo pode ser citado o estudo de Tietz Cazeri *et al.*[52] que analisa especificamente informações relacionadas ao item 405-2 e às diferenças salariais entre homens e mulheres nas empresas brasileiras listadas no índice Ibovespa. No referido estudo, foi constatado que 68,18% das empresas analisadas não apresentam ou apresentam de forma muito superficial a "razão de salário-base" entre mulheres e homens para mesma categoria de emprego.

Outro ponto ainda muito debatido acerca dos relatórios de sustentabilidade reside no quanto as informações ali apresentadas

---

[51] Borges *et al.*, 2018; Cazeri *et al.*, 2021.
[52] Cazeri *et al.*, 2021.

correspondem realmente às ações praticadas e à realidade das empresas, uma vez que muitas organizações não se submetem a processos de auditoria. Também é crescente a pressão por mecanismos que possibilitem cada vez mais a real apreciação do quanto as ações sustentáveis desenvolvidas pelas empresas são verdadeiras e integradas às suas estratégias. Principalmente na Comunidade Europeia, debates nesse sentido se intensificam.

Cabe aqui destacar também um interessante documento recomendado pelo International Integrated Reporting Council, o "Relato Integrado".[53] Por meio desse documento, quando a empresa o publica, é possível analisar como está sendo gerado valor para todas as suas partes interessadas e se as questões associadas à sustentabilidade empresarial estão tendo a devida atenção.

O PAPEL DAS EMPRESAS NA BUSCA PELO TRABALHO DECENTE E A IGUALDADE DE GÊNERO

A igualdade de gênero e o trabalho decente são temas associados à sustentabilidade para os quais as empresas podem contribuir muito. São considerados tópicos emergentes no contexto da sustentabilidade social, e as pesquisas acadêmicas acerca de tais assuntos têm crescido consideravelmente.[54]

O conceito de trabalho decente está relacionado à promoção de oportunidades para que todas as pessoas "obtenham um trabalho produtivo e de qualidade, em condições de liberdade, equidade, segurança e dignidade".[55] Essa temática faz parte do objetivo número 8 dos Objetivos de Desenvolvimento Sustentável das Nações

---

[53] International Integrated Reporting Council, 2013.
[54] Anholon *et al.*, 2021; Cazeri *et al.*, 2021.
[55] Kashyap & Arora, 2022.

Unidas, denominado *emprego decente e crescimento econômico*.[56] A igualdade de gênero, por sua vez, está associada ao objetivo número 5 dos Objetivos de Desenvolvimento Sustentável das Nações Unidas, denominado *igualdade de gênero e empoderamento das mulheres*, sendo que a contribuição das empresas reside principalmente na meta 5.5 ("Garantir a participação plena e efetiva das mulheres e oportunidades iguais de liderança em todos os níveis de tomada de decisão na vida política, econômica e pública").[57]

O trabalho decente é um termo que está diretamente relacionado ao equilíbrio entre vida profissional, vida pessoal e garantias ao trabalhador. Estudos destacam a importância da dimensão familiar para a formação da ordem moral e social do trabalho aos funcionários, bem como para seu envolvimento com a comunidade da empresa em atividades não necessariamente relacionadas ao trabalho. Isso tem motivado as organizações a considerar a dimensão familiar de seus funcionários como parte das iniciativas de sustentabilidade e da Responsabilidade Social Corporativa.[58]

A promoção da igualdade de gênero, por sua vez, tem sido um desafio há alguns anos no contexto das organizações empresariais, e mesmo com a regulamentação e com as diversas intervenções que têm sido implantadas, boa parte das empresas públicas e privadas continua extremamente desigual.[59] A igualdade de oportunidades por gênero é inclusive um dos pontos recomendados a se publicar no relatório de sustentabilidade do padrão GRI, mais especificamente no GRI 405 – *Diversidade e igualdade de oportunidades*. Entretanto, como destacado por Cazeri *et al*.,[60] ainda há poucas empresas que atuam fortemente nessa vertente social da sustentabilidade. A academia tem

---

[56] Lapinskaitė & Vidžiūnaitė, 2020.
[57] United Nations – Department of Economic and Social Affairs, 2021.
[58] Guitián, 2009.
[59] Cortis; Foley & Williamson, 2022.
[60] Cazeri *et al*., 2021.

pesquisado os mecanismos que ajudam as organizações a reduzir as desigualdades supracitadas, analisando iniciativas bem-sucedidas que podem ser potencializadas e replicadas e iniciativas ineficientes das quais se podem aprender lições.[61]

Assim, para assegurar a igualdade de gênero dentro das empresas e o trabalho decente, alguns pontos mínimos são fundamentais, como garantir uma remuneração igual para trabalhos que tenham o mesmo valor e a mesma intensidade, garantir e ampliar a proteção legal para a maternidade e aumentar os direitos e as iniciativas que busquem a promoção do equilíbrio entre a maternidade, a paternidade, o trabalho e as responsabilidades familiares.

---

[61] Cortis; Foley & Williamson, 2022.

6

SISTEMA PRODUTO-SERVIÇO E SUSTENTABILIDADE

Tiago Fonseca Albuquerque Cavalcanti Sigahi
Izabela Simon Rampasso
Rosley Anholon

INTRODUÇÃO

Modificar o sistema de produção tradicional e a cultura de consumo é necessário para alcançar uma sociedade sustentável.[1] Nos últimos anos, a pesquisa sobre sistemas produto-serviço (SPS) tem despertado a atenção de pesquisadores e profissionais devido à eficácia dessa abordagem para o desenvolvimento de soluções e modelos de negócios mais sustentáveis.[2] Modelos de negócio baseados em SPS permitem às organizações agregar progressivamente serviços a produtos físicos, promovendo assim resultados mais sustentáveis.[3]

Na literatura acadêmica, existem diversas definições de SPS. Uma das mais aceitas é a de Mont,[4] que propõe que um SPS consiste em um sistema de produtos, serviços, redes de suporte e infraestrutura projetado para ser competitivo, satisfazer as necessidades dos clientes e ter impacto ambiental menor do que os modelos de negócio tradicionais. Nesse sentido, um SPS pode ser entendido como uma proposta de mercado que incorpora serviços

[1] Lee *et al.*, 2012.
[2] Sousa-Zomer & Cauchick-Miguel, 2018.
[3] Teles *et al.*, 2018.
[4] Mont, 2002.

adicionais à funcionalidade tradicional de um produto.[5] A ênfase está em "vender o uso" em vez de "vender o produto", uma vez que o cliente paga pelo uso de um ativo, e não pela sua compra.[6]
    Autores como Tukker,[7] Reigado et al.[8] e D'Agostin et al.[9] afirmam que o SPS é um instrumento eficaz na orientação da sociedade rumo à economia circular. Nesse contexto, o SPS representa um modelo de negócio promissor na busca pelo desenvolvimento sustentável, com vantagens para todos os *stakeholders*[10] em todas as dimensões da sustentabilidade.[11] Yang e Evans[12] acrescentam que o SPS oferece às empresas possibilidades de diferenciação e margens de lucro maiores em relação às vendas de produtos, além de favorecer o aumento de receita e competitividade. Os autores apontam diversos benefícios do SPS, relacionando-os ao conceito de *Triple Bottom Line*:[13]

i. sustentabilidade ambiental: o SPS contribui para uma vida útil mais longa do produto;[14] maior eficiência energética e redução da emissão de carbono;[15] aumento da reciclagem, da remanufatura e da reutilização;[16] favorecimento ao *design* para a sustentabilidade;[17]

ii. sustentabilidade econômica: o SPS proporciona melhor atendimento das necessidades dos clientes;[18] relacionamentos

---

[5] Labbate *et al.*, 2021.
[6] Akbar & Hoffmann, 2020.
[7] Tukker, 2015.
[8] Reigado *et al.*, 2017.
[9] D'Agostin *et al.*, 2020.
[10] Catulli; Cook & Potter, 2017.
[11] Reim; Parida & Örtqvist, 2015.
[12] Yang & Evans, 2019.
[13] Elkington, 1997.
[14] Baines *et al.*, 2007.
[15] Tukker, 2015.
[16] Guidat *et al.*, 2014.
[17] Tukker, 2004.
[18] Tan *et al.*, 2010.

mais fortes com os clientes;[19] identificação de novos mercados e tempos de resposta mais rápidos;[20] acesso a dados de serviço;[21] redução da responsabilidade de propriedade pelos clientes;[22] oportunidade de aprimoramento tecnológico e redução de riscos;[23] redução do custo do ciclo de vida do produto;[24]

iii. sustentabilidade social: o SPS possui como benefício social específico o aumento do número de empregos necessários à prestação dos serviços associados ao produto vendido.[25]

TIPOS DE SISTEMA PRODUTO-SERVIÇO

Vários estudos buscaram classificar os SPS. Uma abordagem amplamente aceita propõe três tipos de SPS que podem ser diferenciados de acordo com a proporção de serviço envolvido e a propriedade dos produtos: SPS orientado ao produto, ao uso e ao resultado:[26]

- no SPS orientado ao produto (SPS-P), ocorre a venda de um produto em conjunto com a prestação de serviços associados a ele, como serviços de pós-venda para manutenção. A principal característica do SPS-P é a ênfase na venda do produto, sendo o serviço um extra. Os direitos de propriedade do produto são transferidos para o cliente, e a empresa é responsável pela prestação dos serviços acordados, como seguro, manutenção e opções de devolução;[27]

[19] Neely, 2008.
[20] Yang & Evans, 2019.
[21] Baines *et al.*, 2007; Tan *et al.*, 2010.
[22] Baines *et al.*, 2007.
[23] Sakao; Rönnbäck & Sandström, 2013.
[24] Sakao & Lindahl, 2015.
[25] Beuren; Gomes Ferreira & Cauchick Miguel, 2013.
[26] Tukker, 2004; 2015.
[27] Baines *et al.*, 2007; Kim & Hwang, 2021; Tukker, 2004.

- no SPS orientado ao uso (SPS-U), não há a venda de um produto físico, mas sua disponibilização por meio de contratos de locação, às vezes compartilhados por vários usuários. A propriedade do produto não é transferida para o cliente, e os riscos e responsabilidades do fornecedor aumentam quando comparados ao SPS-P;[28]
- no SPS orientado ao resultado (SPS-R), uma empresa fornece ao cliente um resultado específico, em vez de um produto ou serviço específico. Nenhum produto específico está necessariamente envolvido; em vez disso, o fornecedor é pago pelo resultado, e a empresa é totalmente responsável pelo seu alcance.[29]

QUADRO 6.1. DIFERENÇAS DOS TIPOS DE SPS COM RELAÇÃO À CRIAÇÃO, ENTREGA E CAPTURA DE VALOR

Característica	Orientação do SPS		
	Produto	Uso	Resultado
Criação de valor	O fornecedor assume a responsabilidade pelos serviços contratados	A usabilidade do produto ou serviço é de responsabilidade do fornecedor/provedor	O fornecedor é responsável por entregar resultados
Entrega de valor	O fornecedor faz a venda do produto e do serviço	O fornecedor garante a usabilidade do produto físico junto com o serviço	O fornecedor de fato entrega resultado
Captura de valor	Os produtos e serviços são pagos pelo cliente	É possível que sejam feitos pagamentos contínuos ao longo do tempo pelo cliente	Os pagamentos dos clientes são baseados em unidades de resultado, isto é, eles pagam pelo resultado

Fonte: adaptado de Reim; Parida & Örtqvist, 2015.

[28] Boehm & Thomas, 2013; Khitous; Urbinati & Verleye, 2022.
[29] Annarelli; Battistella & Nonino, 2020; Catulli; Cook & Potter, 2017.

Reim, Parida e Örtqvist[30] diferenciam os SPS orientados a produto, uso e resultado com relação à criação, entrega e captura de valor, conforme mostra o Quadro 6.1.

Tukker[31] propõe que os três principais tipos de SPS – orientado a produto, uso e resultado – podem ser divididos em subtipos, como descrito no Quadro 6.2.

QUADRO 6.2. SUBTIPOS DE SPS ORIENTADOS A PRODUTO, USO E RESULTADO

Tipo de SPS	Subtipos de SPS
Orientado a produto	• Serviço relacionado ao produto: juntamente com a oferta de produtos, são oferecidos pelo provedor serviços relacionados ao período em que o consumidor irá utilizar esses produtos. Como exemplo desse tipo de SPS, podem-se citar o fornecimento de consumíveis, o financiamento, a manutenção para o produto, e uma alternativa para a devolução do produto após seu uso.
Orientado a produto	• Assessoria e consultoria: esse subtipo de SPS caracteriza-se pela prestação de serviços relacionados ao aconselhamento para uso de produtos vendidos. Entre outros exemplos, podem-se citar consultoria aos funcionários que utilizarão o produto e melhoria da logística na unidade produtiva em que este será usado.
Orientado a uso	• Arrendamento de produtos: o provedor mantém a propriedade sobre o produto e em muitos casos também faz sua manutenção, seus reparos e seu controle. Uma taxa periódica é cobrada do cliente, o qual normalmente fica com o produto alugado durante o período do contrato, utilizando-o de maneira exclusiva.
Orientado a uso	• Aluguel ou compartilhamento de produtos: possui características similares ao arrendamento. Entretanto, o produto não é utilizado de maneira exclusiva pelo cliente, que divide o uso com outros usuários.
Orientado a uso	• Agrupamento de produtos: possui similaridades com o arrendamento ou compartilhamento de produto, porém seu uso é simultâneo.

continua→

---

[30] Reim; Parida e Örtqvist, 2015.
[31] Tukker, 2004.

Orientado a resultado	• Gestão/terceirização de atividades: nesse subtipo, parte de alguma atividade da empresa é terceirizada, e no contrato de terceirização são apontados indicadores de desempenho usados para controle da qualidade do serviço terceirizado. Geralmente, a atividade é feita da mesma maneira que seria feita pela própria empresa. Inclui-se, por exemplo, a terceirização de serviços de limpeza.
	• Pagamento por unidade de serviço: esse subtipo de SPS tem como base um produto comum. Entretanto, esse produto não é comprado pelo usuário, o qual paga pelo uso desse produto, de acordo com o que consome. Como exemplo, empresas que fornecem copiadoras e trabalham para manter essas copiadoras em funcionamento (fornecimento de *toner* e papel, manutenção, substituição etc.).
	• Resultado funcional: o fornecedor realiza um acordo com o cliente para entregar determinado resultado. *A priori*, o fornecedor é totalmente livre sobre como entregar o resultado. Um exemplo típico é o oferecimento pelas empresas de um "clima térmico agradável" para escritórios em vez de equipamentos de refrigeração.

Fonte: elaborado a partir de Tukker, 2004; 2015; Reim; Parida & Örtqvist, 2015; Corvellec & Stål, 2017; Boehm & Thomas, 2013; Annarelli; Battistella & Nonino, 2020; e Kim & Hwang, 2021.

Considerando a ordem de apresentação dos oito subtipos de SPS, Tukker[32] afirma que a dependência do produto como componente central do SPS diminui, ao passo que a necessidade do cliente é considerada de maneira mais abstrata. O autor complementa que, quanto mais abstratas as demandas, mais difíceis de traduzir em indicadores concretos (desempenho de qualidade). Dessa forma, os fornecedores têm dificuldade para determinar o que vão ofertar, e os clientes podem ter dificuldade de verificar se receberam exatamente o que pediram.

[32] *Idem.*

7

PROJETOS DE MECANISMOS DE DESENVOLVIMENTO LIMPO

Antônio Carlos Pacagnella Júnior

INTRODUÇÃO

Nas últimas décadas, a preocupação com problemas ambientais, em especial o aquecimento global, tem motivado legisladores e gestores governamentais a buscar alternativas que permitam que seus países se desenvolvam economicamente, porém minimizando possíveis impactos ao meio ambiente. Nesse cenário, um evento histórico muito importante foi a criação em 1997 do chamado Protocolo de Kyoto, que estabeleceu metas de redução de emissões dos chamados gases do efeito estufa (GEE) para os países economicamente desenvolvidos.

Para cumprir tais metas, o Protocolo de Kyoto estabeleceu a criação de três instrumentos de flexibilização: a *Joint Implementation* (Implementação Conjunta), o *Emissions Trading* (Comércio de Emissões) e o *Clean Development Mechanism* – CDM (Mecanismo de Desenvolvimento Limpo – MDL). Esses instrumentos permitem que os países desenvolvidos possam cumprir uma parte das suas metas de redução de emissões de gases do efeito estufa em outros países, o que foi operacionalizado pela introdução do mercado de certificados de carbono.[1]

---

[1] Benites-Lazaro; Gremaud & Benites, 2018.

Os MDL voltaram a receber grande atenção principalmente após a realização da 26ª Conferência das Partes da Convenção-Quadro das Nações Unidas sobre Mudança do Clima (UNFCCC), ou COP 26, quando alguns ajustes foram feitos nas regras associadas ao mercado de créditos de carbono.

Embora todas as iniciativas citadas sejam relevantes, segundo Zhang[2], os Mecanismos de Desenvolvimento Limpo merecem destaque por representarem a única iniciativa diretamente voltada para a cooperação de países economicamente desenvolvidos com países ainda em desenvolvimento, o que oferece um espectro mais amplo em termos de sustentabilidade, posto que, por sua proposta, contribui com o eixo ambiental e também com o social e o econômico, que formam a base da sustentabilidade (*Triple Bottom Line*).

Especificamente no que tange ao eixo econômico, os MDL têm um potencial significativo para atrair investimentos e transferir tecnologias de baixa emissão para países em desenvolvimento, o que tende a promover o desenvolvimento sustentável. Trata-se de instrumentos bastante relevantes em termos de potencial de contribuição ambiental e econômica, movimentando algo em torno de 100 bilhões de dólares anualmente.[3]

Em geral, os MDL podem ser considerados como projetos de capital, que demandam grandes investimentos para ser implementados. Os recursos financeiros para esse fim podem ser públicos e/ou privados, mas, assim como quaisquer projetos desse tipo, para atrair investimentos é necessário oferecer relação satisfatória entre os riscos envolvidos e o retorno esperado.

Um projeto, genericamente, pode ser definido como um esforço realizado por determinados agentes, de forma temporária, com o intuito de atingir determinados objetivos, dentro de parâmetros

---

[2] Zhang, 2018.
[3] Metz, 2013.

estabelecidos.⁴ Para obter sucesso, é preciso que esse esforço seja gerenciado considerando as motivações das partes interessadas (ou *stakeholders*), os riscos envolvidos e o retorno esperado, empregando para isso as melhores práticas disponíveis.⁵

Considerando que os Mecanismos de Desenvolvimento Limpo são projetos complexos, que envolvem agentes públicos e privados e que seguem uma normatização complexa definida no Protocolo de Kyoto, além do fato de que são grandes oportunidades de investimento, gerando benefícios em termos de sustentabilidade, este capítulo tem por objetivo apresentar as características desse tipo de projeto, buscando servir de suporte tanto para acadêmicos que visem estudar o tema, como para gestores públicos e privados que tenham interesse em conduzir esse tipo de esforço. Assim, nas próximas seções, serão abordadas as suas origens, os diversos tipos de MDL, suas características e outros aspectos fundamentais. Não existe a pretensão de esgotar o assunto, visto que no presente momento muitos são os debates a ele associados.

O Protocolo de Kyoto

O Protocolo de Kyoto, criado em 1997, foi um acordo de cooperação internacional, assinado na cidade japonesa que dá nome ao documento, e que teve como principal objetivo a redução das emissões de gases do efeito estufa (dióxido de carbono – CO_2, metano – CH_4, óxido nitroso – N_2O, hexafluoreto de enxofre – SF_6, hidrofluorcarbono – HFC e perfluorcarbono – PFC), buscando conter (ou, na prática, pelo menos mitigar) as mudanças climáticas já com desdobramentos sensíveis naquela época.⁶ Para atingir esse

---

⁴ PMI, 2020.
⁵ *Idem.*
⁶ Shideler & Hetzel, 2021.

objetivo, foram propostas metas a serem cumpridas pelos países desenvolvidos, que são mais industrializados e por isso produzem mais GEE quando comparados aos países em desenvolvimento. A proposta previa, em resumo, que houvesse uma redução de 5,2% nas emissões dos gases citados, comparando-se com valores da década de 1990.

O protocolo foi assinado originalmente por 173 países, divididos em dois blocos. O primeiro ficou conhecido como "Anexo I", composto pelos países considerados desenvolvidos, e o segundo foi nomeado "Anexo II", sendo composto por países em desenvolvimento. Entretanto, os países do Anexo II, como o Brasil, não possuíam metas a serem atingidas, o que gerou algumas questões sobre a efetividade do acordo entre os países desenvolvidos (os Estados Unidos não ratificaram o acordo, e o Canadá saiu dele em 2011, seis anos após sua efetiva implementação em 2005, devido à decisão de considerar a China como um país em desenvolvimento, o que também desagradou a outros membros).

Os Mecanismos de Desenvolvimento Limpo, como já destacado na seção introdutória, são um dos elementos criados pelo Protocolo de Kyoto, merecendo destaque por consistirem de esforços que fomentam não só a redução de emissões dos GEE, mas também elementos de desenvolvimento sustentável, como será explorado mais adiante neste capítulo.[7]

TIPOS DE PROJETOS DE MDL

Esta seção apresenta, de forma ampla, os diferentes tipos de projetos de Mecanismos de Desenvolvimento Limpo que podem ser

---

[7] Carmichael; Ballouz & Balatbat, 2015.

realizados, segundo a UNFCCC,[8] buscando expandir a compreensão sobre o assunto. A primeira classificação importante a ser realizada é quanto ao porte dos projetos de MDL, com três categorias, como apresentado a seguir.

a) Projetos de pequena escala:
- Tipo I – projetos de energias renováveis até 15MW de capacidade;
- Tipo II – projetos de eficiência energética com geração máxima de 60GWh/ano;
- Tipo III – outros projetos que reduzem emissões anuais até kt CO_2, e

b) Projetos de grande escala:
- Qualquer projeto com limites superiores aos projetos de pequena escala.

Outra classificação desses projetos é relativa a suas características principais, no que tange a sua operação, conforme apresentado na Figura 7.1.

Como pode ser visto na figura, existem sete categorias de projetos de MDL, que se subdividem em 25 tipos diferentes. Optou-se por manter os títulos originais em inglês devido ao fato de todas as referências sobre o assunto serem internacionais e, seja o interesse do leitor mercadológico ou acadêmico, serem estes títulos que encontrará na UNFCCC, em artigos científicos e outros documentos. Contudo, em termos didáticos, cabe uma explicação e exemplificação de cada uma das categorias:

[8] UNFCCC, 2015.

FIGURA 7.1. TIPOS DE PROJETOS DE MDL

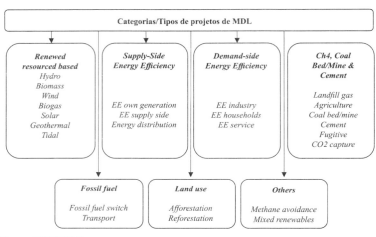

Fonte: UNFCCC, 2015.

- *Renewed resources based:* inclui projetos de geração de energia a partir da queima de biomassa ou biogás, aproveitamento de calor geotérmico ou solar e de energia mecânica proveniente de geração hidroelétrica, de marés e eólica.
- *Energy efficiency (supply and demand side):* as categorias de *Energy efficiency* envolvem projetos de geração de energia elétrica limpa, o aumento de eficiência na sua distribuição ou a redução do seu consumo, seja com relação ao suprimento ou à demanda de energia.
- CH_4, *Coal Bed/Mine & Cement:* esta categoria é relacionada com projetos de utilização de gás metano de aterros ou de minas de carvão, a substituição de clínquer na produção de cimento e a captura de gás carbônico (CO_2) ou de metano (CH_4) produzidos por processos industriais.
- *Fossil fuel:* nesta categoria encontram-se MDL que envolvem estratégias associadas à minimização do uso de combustíveis

fósseis ou sua substituição (*Switch*) por outros que mitiguem a emissão de GEE. Pode ser associada à roteirização de veículos ou a transportes (*Transport*).

- *Land use:* esta categoria envolve projetos que têm por objetivo a redução de emissões ou sequestro de carbono por meio do replantio ou da criação de florestas.
- *Others:* junta projetos que evitem as emissões de metano e quaisquer outros que envolvam mais de um tipo de geração de energia renovável.

PROJETOS REALIZADOS NO BRASIL

Segundo a UNFCCC,[9] ao todo, foram realizados no mundo 11.695 projetos de MDL. Entre os países do Anexo I (países em desenvolvimento) que receberam projetos de MDL desde seu início, a China vem em primeiro lugar, com 1.692 (10,19%), e o Brasil é o segundo, com 905 (7,74%), seguido de perto pela Índia, com 843 (7,21%) do total.

A Tabela 7.1 a seguir descreve em quantidades e percentuais os projetos de MDL desenvolvidos no Brasil por tipo.

Como pode ser observado na Tabela 7.1, a gama de projetos de MDL desenvolvidos no Brasil é bem ampla, com 14 tipos diferentes. Os do tipo *Landfill gas* são predominantes no Brasil, com 256 projetos (28,29%), seguido pelo de *Methane avoidance*, com 206 projetos (22,76%), e pelos *Hydro*, com 165 (18,23%). Esses três tipos somados representam quase 70% dos projetos realizados no país.

Chama atenção, no entanto, o baixíssimo número de projetos desenvolvidos nas categorias *Wind* (Eólica), com apenas 14 projetos (1,55%), e *Solar & Wind* (Solar & Eólica), com 1 projeto realizado (0,11%),

[9] *Idem*, 2022.

pois o Brasil possui enorme potencial tanto no que se refere a áreas com grande volume e velocidade de vento, como nas regiões litorâneas (o que possibilita a implantação de aerogeradores), quanto no que se refere à energia solar, posto que o número de dias de sol e a intensidade dos raios solares são grandes em muitas regiões do país. Esses tipos se destacam, pois houve um nítido aumento de investimentos em empreendimentos de geração de energia eólica e solar no Brasil nos últimos anos, contudo a enorme maioria não é atrelada a projetos de CDM.

TABELA 7.1. QUANTIDADES E PERCENTUAIS DOS PROJETOS DE MDL DESENVOLVIDOS NO BRASIL, POR TIPO

Tipo de MDL	N	%
Landfill gas	256	28,29
Methane avoidance	206	22,76
Hydro	165	18,23
Biomass / Bioenergy	134	14,81
N2O	92	10,17
PFCs and SF6	15	1,66
Wind	14	1,55
Fossil fuel switch	13	1,44
Reforestation	3	0,33
CO2 usage	2	0,22
EE own generation	2	0,22
Energy distribution	1	0,11
Fugitive	1	0,11
Solar & Wind	1	0,11
Total	905	100,00

Fonte: UNFCCC, 2022.

Assim, embora o país ocupe lugar de destaque entre os projetos de MDL desenvolvidos no mundo, percebe-se que há ainda grande espaço para a realização de novos projetos de CDM, especialmente dos tipos supracitados.

ETAPAS DA IMPLEMENTAÇÃO DE UM PROJETO DE MDL

Um projeto de MDL carrega a complexidade típica de projetos de capital (por exemplo: projetos de infraestrutura ou *turn-key*); além disso, tem características próprias que devem ser respeitadas e que aumentam a dificuldade de sua implantação.[10]

Dessa forma, apesar de o escopo de trabalho e o cronograma de cada um desses projetos serem únicos, no que se refere apenas ao MDL, existe um conjunto de etapas próprias que o responsável deve considerar, segundo Montini.[11] A Figura 7.2 apresenta um resumo dessas etapas.

FIGURA 7.2. ETAPAS DE UM PROJETO DE CDM

1	Proposta do projeto (*Project design*)
2	Aprovação da autoridade do país-sede
3	Validação
4	Registro
5	Monitoramento
6	Verificação
7	Emissão dos CERs

Fonte: Montini, 2010.

- **Etapa 1 – Proposta do projeto (*Project design*)**: nesta etapa os responsáveis devem apresentar uma visão geral de sua proposta para o MDL por meio da construção de

[10] Hultman *et al.*, 2010.
[11] Montini, 2010.

um documento chamado *Project Design Document* (CDM-PDD). Esse documento deverá trazer uma descrição geral das atividades do projeto, além da proposta da metodologia utilizada para medir e monitorar as emissões de GEE que seriam mitigadas com o projeto.

- **Etapa 2 – Aprovação da autoridade do país-sede:** os responsáveis pelo projeto devem obter uma carta de aprovação, fornecida pela autoridade competente do país onde será realizado o MDL (conhecida como *Designated National Authority – DNA*). No Brasil, essa autoridade é a Comissão Interministerial de Mudança Global do Clima, a qual é formada por representantes de 11 ministérios. Nessa carta deverá constar que o país ratifica o Protocolo de Kyoto, que a participação é voluntária e que as atividades do projeto contribuem para o desenvolvimento sustentável.
- **Etapa 3 – Validação:** a proposta apresentada no CDM-PDD deve ser validada, após a devida avaliação das atividades do projeto, por uma entidade privada especializada (chamada *Designated Operational Entity – DOE*) que o certificará, considerando se o que foi apresentado atende aos diferentes requisitos propostos pela UNFCCC e se está alinhado com o Protocolo de Kyoto.
- **Etapa 4 – Registro:** quando um projeto é validado pelo DOE, ele deve ser submetido a registro no Comitê Executivo do MDL (*CDM Executive Board*), que é o órgão responsável por supervisionar o projeto sob a autoridade da UNFCCC. Nesta etapa é possível que o comitê aprove, reprove ou solicite uma revisão da proposta. O registro é uma etapa obrigatória para a verificação e a liberação de reduções certificadas de emissões (*Certified Emissions Reduction – CERs*).
- **Etapa 5 – Monitoramento:** os responsáveis pelo projeto devem manter um monitoramento constante das emissões de

carbono atuais, seguindo a metodologia de avaliação escolhida na proposta que foi aprovada, e informar à UNFCCC.

- **Etapa 6 – Verificação:** nesta etapa, a entidade privada independente (DOE) que realizou a validação da proposta do MDL deverá verificar, após a implementação física do projeto, se houve redução real nas emissões de gases do efeito estufa e, caso isso realmente ocorra, certificar a quantidade de emissões reduzidas após as atividades do projeto.

- **Etapa 7 – Emissão dos CERs:** após a certificação pela DOE, o Comitê Executivo de MDL deverá analisar o resultado e decidir entre emitir os certificados de créditos de carbono (CERs) ou solicitar uma revisão por parte da DOE em relação ao MDL. Em caso positivo, os responsáveis pelo projeto recebem os CERs e podem negociá-los no mercado de créditos de carbono.

MERCADO DE CRÉDITOS DE CARBONO

O mercado de créditos de carbono é o meio pelo qual são negociados internacionalmente os certificados de emissão de carbono ou CERs. Cada CER corresponde a uma tonelada de CO_2 que se deixou de emitir na atmosfera devido a atividades relativas a projetos de MDL.[12]

Um aspecto importante é que, embora a medida escolhida seja uma tonelada de gás carbônico, a mitigação advinda de qualquer um dos gases do efeito estufa (que não sejam obviamente o CO_2) é convertida pela entidade privada (DOE) para essa medida por uma relação de equivalência (cada um dos GEEs tem uma equivalência em termos de contribuição para o efeito estufa e por isso são convertidos em $eqCO_2$).

[12] Trotter; Da Cunha & Féres, 2015.

Segundo o World Bank (2020), os CERs podem ser negociados em dois tipos de mercado. O primeiro deles é o voluntário, que surgiu de forma paralela ao Protocolo de Kyoto, em que empresas assumem voluntariamente metas de redução de emissões de gases do efeito estufa. Como muitas não conseguem cumpri-las, elas podem adquirir os CERs diretamente dos responsáveis por projetos de MDL nos países do Anexo II por meio dos chamados *Emission Reduction Purchase Agreements*. Além disso, há a possibilidade de negociação em bolsa de valores específicas, como a *European Climate Exchange*.

O segundo é o mercado regulado, do qual o Brasil não participa por ainda não possuir legislação sobre o assunto, embora haja atualmente no Congresso Nacional o projeto de lei 528/21 que visa instituir o Mercado Brasileiro de Redução de Emissões e que, se for aprovado, permitirá que o Brasil se insira nesse contexto. Nesse mercado, os CERs são utilizados por empresas dos países do Anexo I que têm metas obrigatórias de redução de GEEs e por isso precisam adquirir os certificados como mecanismo compensatório quando não conseguem atingi-las.

Mais recentemente, no entanto, após a realização da 26ª Conferência das Partes da Convenção-Quadro das Nações Unidas sobre Mudança do Clima (UNFCCC), ou COP 26, o mercado de créditos de carbono passou por alguns ajustes que levaram a uma mudança na contabilização dos créditos.

Com esse marco, apenas os créditos advindos de projetos a partir de 2013 serão considerados, sendo transportados automaticamente para o novo sistema. Nele, são tomadas por base as novas metas climáticas dos países vendedores e compradores, conhecidas como Contribuições Nacionalmente Determinadas (NDC), que tendem a ser mais exigentes do que as determinadas no Protocolo de Kyoto e atualizadas em 2015 no Acordo de Paris. Caso não consigam fazer os ajustes necessários, os países anfitriões não poderão autorizar a venda para abatimento nas NDC dos países compradores.

Contudo, é possível que o país vendedor utilize outros créditos para abater das NDC de países compradores e ajustar as suas próprias. Outro aspecto relevante é que o Fundo de Adaptação, que visa oferecer suporte financeiro a ações contra os efeitos das mudanças no clima nos países em desenvolvimento, criado na COP 15 em 2009, sofrerá aportes da ordem de 5% sobre todas as operações realizadas nesse mercado.

Os Mecanismos de Desenvolvimento Limpo constituem uma forma legítima e eficaz de gerar reduções nas emissões globais de gases do efeito estufa. Contudo, algumas considerações sobre esses empreendimentos precisam ser feitas como forma de ampliar a compreensão do que foi exposto neste capítulo.

Em primeiro lugar, trata-se de projetos de diversos tipos que envolvem vários ramos da engenharia, com níveis de complexidade variados e que podem ser conduzidos em muitos setores de atividade (respeitando-se as características exigidas pela UNFCCC). Porém, em muitos casos, os projetos têm um propósito muito mais econômico do que de desenvolvimento sustentável em si. Assim, embora reduzam de forma comprovada emissões de GEEs, raramente têm impacto significativo nos três pilares da sustentabilidade (econômico, social e ambiental). Nesse sentido, é possível encontrar estudos na literatura científica que questionam aspectos como a baixa geração de empregos e a não transferência de tecnologia para os países hospedeiros dos projetos.

Além disso, os MDL enfrentam um problema internacional grave, que vem de sua origem, quando o Protocolo de Kyoto considerou a China um país em desenvolvimento. Como na prática trata-se da segunda maior economia do planeta, foram realizadas centenas de projetos no país, o que inundou o mercado com créditos de carbono, e seu valor despencou.

Outro aspecto relevante é que, especificamente no Brasil, há ainda a necessidade de um marco legal que organize o mercado de créditos de carbono regulado e incentive investidores a realizar esses empreendimentos com menor risco, porém que exija contrapartidas que fomentem o desenvolvimento sustentável.

A despeito dessas ressalvas, é importante reafirmar que os projetos de MDL realizados no mundo desde a criação do Protocolo de Kyoto, e atualizados nas conferências posteriores, trouxeram a redução certificada de milhões de toneladas de carbono relacionadas aos gases do efeito estufa e, apesar de haver alguns aspectos a melhorar na sua utilização, ainda são uma ferramenta importante, principalmente pelo seu forte aspecto econômico, devendo sua realização ser estimulada por países de ambos os anexos.

8

PAPEL DAS UNIVERSIDADES NA FORMAÇÃO DOS PROFISSIONAIS ALINHADOS AOS ODS

Lucas Veiga Ávila
Daniel Henrique Dario Capitani
Muriel de Oliveira Gavira

INTRODUÇÃO

As Instituições de Educação Superior (IES) têm tido um papel fundamental para a geração e a difusão do conhecimento associado à sustentabilidade, adequando constantemente suas diretrizes curriculares com base na evolução das discussões nos ambientes acadêmicos, científicos, políticos, institucionais, sociais e organizacionais.

De acordo com Leal Filho *et al.*,[1] os ODS (Objetivos de Desenvolvimento Sustentável) têm o poder de ser um elemento contributivo a um legado para as próximas gerações, e, para que sejam bem executados, é necessária a participação de diferentes atores em escala global. As IES, em especial, possuem um papel fundamental tanto na formação do capital humano quanto na adoção de ações de governança voltadas à sustentabilidade. Elas podem impactar positivamente a economia e toda a sociedade por meio do impulso à inovação de processos, produtos e serviços, subsidiando-lhes ferramentas que levem em consideração a sustentabilidade, as

---

[1] Leal Filho *et al.*, 2019.

demandas da sociedade como um todo e as preocupações com as próximas gerações.

Muitas universidades ao redor do mundo têm feito esforços cada vez maiores em busca de uma associação entre ensino/pesquisa e os ODS, sendo este um campo seguro para iniciativas coletivas em uma rede cada vez mais integrada.[2] Além dos aspectos de ensino e pesquisa, as universidades podem cooperar para uma sociedade mais justa e equânime, em consonância com os ODS, a partir de sua atuação com (e para) os demais atores da sociedade em projetos colaborativos e centrados na realidade deles.[3] Assim, as três missões da universidade (ensino, pesquisa e extensão) devem ser trabalhadas de forma integrada e complementar.

Em razão dos diferentes ODS, o desafio às universidades na reformulação de seus currículos e no direcionamento de seus esforços em pesquisa e extensão deve ser de caráter transversal e interdisciplinar, envolvendo diferentes disciplinas e cursos de distintas áreas de formação, visando a uma educação transformadora e que permita aprimorar as capacidades dos novos profissionais.[4] Uma abordagem interdisciplinar da sustentabilidade no ensino superior deve incluir, também, as disciplinas tradicionais e ocorrer em diferentes estágios da formação, visando desenvolver um profissional que enxergue além do tripé econômico, social e ambiental da sustentabilidade, sendo capaz de tomar decisões que sejam benéficas à sociedade como um todo.[5]

Iniciativas interdisciplinares podem ser de difícil coordenação e malsucedidas, devendo o debate ser iniciado em algumas poucas disciplinas introdutórias, para que os estudantes tenham a percepção das perspectivas das diferentes áreas de formação. Após a inserção

---

[2] *Idem*, 2021.
[3] *Idem*; Zamora-Polo *et al.*, 2019.
[4] Zamora-Polo *et al.*, 2019.
[5] Annan-Diab & Molinari, 2017.

dos conceitos na base da formação, sua disseminação pode ser realizada em outras disciplinas de diferentes vertentes e, assim, gradualmente contribuir para que os estudantes concebam formas de atuar, como elementos agregadores e colaboradores, em iniciativas coletivas.[6]

Embora a interdisciplinaridade seja um elemento crucial para alterações nos currículos da educação superior voltados à compreensão e à difusão dos ODS, é importante destacar que, anteriormente, na ótica individualizada de cada curso, havia um senso de responsabilidade social distinto da atual proposta interdisciplinar, na formação profissional de seus egressos. As IES devem buscar associar as metas dos ODS em suas missões, seus valores, suas políticas e ações cotidianas, bem como nos projetos pedagógicos de seus respectivos cursos de graduação, pós-graduação e extensão. Nesse sentido, é necessário que os futuros profissionais sejam educados para levar esses valores de acordo com as demandas da sociedade, incluindo questões referentes não somente aos aspectos socioeconômicos e ambientais, mas também à ética profissional e à justiça social.

Ao mesmo tempo, devem-se respeitar os pressupostos da formação profissional, buscando não os descaracterizar. Outrossim, as IES podem atuar como elemento propagador dessas mudanças quando forem necessárias, por exemplo, liderando transformações curriculares em resposta a possíveis demandas da sociedade para aquele profissional que está sendo formado.[7]

A despeito dos desafios para uma IES preparar suas ações em ensino, pesquisa e extensão de modo a atender aos objetivos e às metas para a sustentabilidade previstas nos ODS, destaca-se que a receptividade e o engajamento nessas questões por parte de outras instituições, governos, sociedade civil e organizações são

---

[6] *Idem.*
[7] Miotto; Blanco-González & Díez-Martín, 2020.

globais, e, portanto, as IES podem se beneficiar de uma ação bem desenvolvida, uma vez que se transformam em parte desse amplo processo, aproximando-se da comunidade externa e ampliando sua rede de colaboração e seu acesso a financiamentos a pesquisa e ensino. Desse modo, seus impactos vão além das contribuições às metas dos próprios ODS, colaborando com tecnologias e processos inovadores, com a formação de novos profissionais e o direcionamento das políticas públicas em diferentes níveis. Além disso, permite-se transmitir uma mensagem pró-sustentabilidade à sociedade.[8]

No que tange às externalidades positivas da inclusão dos ODS no ensino superior no Brasil, atenta-se à resolução CNE/CES nº 7, de 18 de dezembro de 2018, que estabelece as Diretrizes para a Extensão na Educação Superior Brasileira, para o planejamento, o estabelecimento de políticas, a gestão e a avaliação das instituições de educação superior do país, devendo a carga horária curricular dos cursos de graduação considerar o mínimo de 10% com atividades de extensão.

Entende-se que, considerando a necessidade do desenvolvimento das competências gerais e específicas dos estudantes que envolvam os ODS, há uma oportunidade latente de esse desenvolvimento ser realizado em paralelo às atividades de extensão comunitária que contemplem as demandas da sociedade.

De forma a melhor explorar o papel das universidades na promoção dos ODS, este capítulo apresenta, na sequência, três seções. Na primeira, busca-se versar acerca do desenvolvimento das competências dos estudantes voltadas a uma visão global da formação em relação aos aspectos da sustentabilidade. Em seguida, explora-se como pode ser trabalhada a integração das três missões das universidades – ensino, pesquisa e extensão – visando ao desenvolvimento sustentável. Por fim, na terceira seção, desenvolve-se uma proposta de modelo integrador

---

[8] Leal Filho *et al.*, 2021.

para a formação de profissionais alinhados aos ODS, buscando incrementar novos elementos à discussão.

COMPETÊNCIAS NA UNIVERSIDADE (ENSINO, PESQUISA E EXTENSÃO)

Nesta seção são apresentados os principais conceitos, casos e modelos (*frameworks*) que buscam promover a inserção de competências voltadas aos 17 ODS em ensino, pesquisa e extensão da universidade.

Para alcançar um mundo mais sustentável e cumprir todos os objetivos sustentáveis estabelecidos, os indivíduos devem tornar-se agentes de mudança, adquirindo conhecimentos, competências, valores e empenhando-se em comportamentos que os habilitem a contribuir para o desenvolvimento sustentável através de competências profissionais-chave para a sustentabilidade – CPCS.[9]

As CPCS representam competências necessárias para todos os futuros graduados e podem ser entendidas como transversais, multifuncionais e independentes do contexto. Não substituem as competências específicas necessárias para agir com sucesso em algumas situações e alguns contextos, mas contextualizam e permitem uma visão mais integrada. Os estudantes de economia e negócios, por exemplo, são formados para a tomada de decisões em organizações. Num futuro próximo, esses estudantes terão de combinar as suas decisões com a realização dos ODS e, para isso, terão de ser alimentados por recursos humanos, setor em que as CPCS têm sido desenvolvidas por meio de currículos sustentáveis.[10]

---

[9] De Haan, 2010.
[10] Katsaliaki; Mustafee, 2015; Rychen, 2003; Weinert, 2001.

Assim, as universidades são entendidas como agentes essenciais no processo de transformação para a sustentabilidade e estão empenhadas em promover essas CPCS em seus estudantes. Isso passa por incluir a sustentabilidade nos currículos universitários e implementar programas de metodologias ativas nas salas de aula, utilizando-se, inclusive, de novas tecnologias de informação e comunicação. Essas ações são destinadas a formar os estudantes nessas competências (CPCS), assegurando que adquiram os conhecimentos teóricos e práticos para promover e alcançar os Objetivos de Desenvolvimento Sustentável (ODS).

Um exemplo de ação é apresentado por Miguel, Lage e Galindez,[11] que propõem, por meio de um jogo, que os alunos enfrentem, avaliem e reflitam sobre problemas pelos quais a sociedade está passando e busquem apontar quais conexões são possíveis com os ODS. Essas análises permitem avaliar qual é o melhor caminho para enquadrar as ações humanas em direção a um maior bem-estar econômico e social, mantendo-se o ambiente natural. Assim, os estudantes têm de avaliar e desenvolver ações para a sustentabilidade ao decidir quais os recursos a utilizar para fins econômicos, sociais e ambientais.

Para Prado *et al.*,[12] uma vertente de trabalho tem enfatizado a necessidade de investigação no desenvolvimento de competências profissionais na educação. O perfil de carreira de cada indivíduo não deve se basear em uma única competência, mas em várias. A maioria dos indivíduos adquire competências altamente específicas durante a sua formação acadêmica, dependendo do grau estudado. No entanto, atualmente, as organizações também exigem uma formação transversal, ou genérica, em competências adequadas ao desempenho profissional e alinhadas com os ODS.

---

[11] Miguel; Lage & Galindez, 2020.
[12] Prado *et al.*, 2020.

As CPCS essenciais são aquelas adquiridas por meio da ação, apoiadas pelos conceitos de experiência e reflexão desenvolvidos ao longo do estudo. Essas competências, propostas pela Unesco,[13] foram definidas como cruciais para o progresso do desenvolvimento sustentável. A seguir, apresenta-se o Quadro 8.1, com as principais competências para implantação dos ODS em universidades, baseadas em Rieckmann.[14]

QUADRO 8.1. PRINCIPAIS COMPETÊNCIAS PROFISSIONAIS-CHAVE PARA A SUSTENTABILIDADE EM UNIVERSIDADES

Competência	Descrição
Pensamento sistêmico	Os estudantes devem ser capazes de: a) reconhecer e compreender as relações originadas pela sociedade; b) analisar a complexidade e a disparidade dos sistemas; c) entender como esses sistemas são integrados entre vários domínios de escala; d) intervir no sentido de prevenir riscos e incertezas.
Habilidade de antecipação	Os estudantes devem ter a capacidade de: a) entender, analisar diferentes cenários futuros, diferenciando entre possíveis, prováveis e desejáveis; b) criar as suas próprias perspectivas do que irá acontecer no futuro; c) ser cautelosos; d) avaliar as consequências das ações que tomam; e) lidar com os riscos e mudanças resultantes.
Habilidade regulatória	Futuros graduados devem adquirir as habilidades necessárias para entender e refletir sobre as normas e os fundamentos fundamentais à execução das ações.
Habilidade estratégica	As universidades devem encorajar seus estudantes ao desenvolvimento coletivo e às ações para implementação de inovações e promoção do desenvolvimento sustentável.
Habilidade colaborativa	Estudantes devem aprender uns com os outros, compreender e respeitar suas necessidades, perspectivas e ações, através de empatia e liderança enfática, administração de conflitos de grupos, facilitando a resolução de problemas de forma participativa.

continua→

---

[13] Unesco, 2015.
[14] Rieckmann, 2012.

Habilidade de pensamento crítico	Todos os estudantes devem questionar as normas, práticas e opiniões que os rodeiam. Adicionalmente, eles devem refletir sobre os valores, percepções, especialmente os seus próprios, adotando uma posição e um discurso baseados na sustentabilidade.
Habilidade de autoconsciência	Refletir sobre o papel que cada graduando irá desempenhar na comunidade e na sociedade é essencial para constante avaliação e promoção dos desejos.
Habilidade de integração de problemas	Os estudantes devem saber aplicar diferentes e equitativas soluções a problemas, para modelos complexos de desenvolvimento sustentável, integrando as outras habilidades já citadas.

Fonte: elaborado com base em Rieckmann, 2012, p. 12.

As habilidades propostas por Rieckmann[15] contemplam situações teóricas e práticas que podem ser aplicadas para situações reais ou que poderão ser evidenciadas ao longo do tempo. Pois o desenvolvimento sustentável conecta-se para questões básicas e contextos complexos, incluindo a necessidade de conhecimentos cognitivos, afetivos e volitivos. As CPCS devem, portanto, ser entendidas como competências complementares a outras competências, tais como de trabalho em equipe, comunicação eficaz, análise de dados, entre outras.[16] Salienta-se que os estudantes devem compreendê-las e desenvolvê-las de forma interligada.[17]

As CPCS são adquiridas por meio da ação. Apoiadas pelos conceitos de experiência e reflexão, não são ensinadas, mas desenvolvidas ao longo do estudo.[18] Essas competências, propostas pela Unesco, foram definidas como cruciais para o progresso da sustentabilidade.[19] E um dos processos para promover os ODS no ensino, na pesquisa e na extensão se dá utilizando as tecnologias disponíveis.

[15] *Idem.*
[16] Macías *et al.*, 2017; Marín García; Maheut & Garcia-Sabater, 2017.
[17] Alles, 2019.
[18] Unesco, 2015.
[19] Rieckmann, 2012.

A utilização das tecnologias em processos de aprendizagem ativa na universidade representa uma melhoria do processo educativo, que permite aos professores promover novas competências entre os estudantes.[20] No caso do desenvolvimento sustentável, a utilização dos ODS como ferramenta de *e-learning* pode ajudar a implementar as CPCS anteriormente mencionadas de forma mais positiva. Um exemplo é o jogo tecnológico "A Ilha", em que os estudantes, num determinado domínio tempo-espacial, devem tomar decisões econômicas, sociais e ambientais que lhes permitam governar eficazmente um território definido, contribuindo para o ODS 4, educação de qualidade.[21] Outra contribuição para o ODS 4 é experimentada por Abad-Segura *et al.*,[22] que propõem oito fases conceituais para sua implementação na universidade, da seguinte maneira: 1) objetivos para o desenvolvimento sustentável; 2) educação de qualidade; 3) aprendizagem em sala de aula; 4) adoção de tecnologias digitais; 5) competências digitais; 6) uso digital; 7) transformação digital; e 8) gestão sustentável.

A implementação de competências nas universidades, para a promoção do ensino, da pesquisa e da extensão, também é foco de discussões na Comissão Europeia, por meio do Plano de Ação para a Educação Digital, sendo considerada uma das séries de ações voltadas a promover a utilização da tecnologia e o desenvolvimento de competências digitais na educação nos países-membros da União Europeia.[23] Em relação ao ensino aberto e à natureza colaborativa da sociedade digital, surgem novos estudos sobre a inclusão da tecnologia digital no ensino superior. A educação digital permite

---

[20] Goldin & Katz, 2018.
[21] Unesco, 2015.
[22] Abad-Segura *et al.*, 2020.
[23] European Commission, 2020.

ao estudante uma aprendizagem partilhada através de plataformas e maior conexão com os ODS.[24]

Assim, as universidades contribuem para o desenvolvimento de diferentes CPCS em seus estudantes e, para consegui-lo, devem gerenciar suas missões de forma harmoniosa. Na próxima seção serão detalhados conceitos e modelos de contribuição das três missões da universidade para o desenvolvimento sustentável e das CPCS.

A INTEGRAÇÃO DAS TRÊS MISSÕES DAS UNIVERSIDADES VISANDO AO DESENVOLVIMENTO SUSTENTÁVEL

Nesta seção são apresentados conceitos, casos e modelos (*frameworks*) que buscam estudar a integração das três missões das universidades (ensino, pesquisa e extensão), ou que propõem formas de realizar tal integração visando aos 17 ODS. Na prática, para as universidades isso significa maior transparência e maior impacto de suas ações em seu entorno e na sociedade como um todo.

Considera-se, também, de acordo com a Constituição Brasileira,[25] a natureza indissociada das missões da universidade: "As universidades gozam, na forma da lei, de autonomia didático-científica, administrativa e de gestão financeira e patrimonial e obedecerão ao princípio da indissociabilidade entre ensino, pesquisa e extensão".

Dessa forma, modelos que direcionam ou avaliam essa indissociabilidade são importantes para entender o papel das universidades diante dos principais desafios para o desenvolvimento sustentável e a formação de profissionais.

---

[24] Khrushch & Ostrovska, 2019; Tkachenko & Danilenko, 2019.
[25] Brasil, 1988.

Para tanto, a formação de profissionais (aqui entendida em qualquer nível) não está restrita à missão de ensino, mas ligada também à pesquisa (de graduação e pós-graduação) e à extensão (aplicação de conhecimentos, habilidades técnicas e habilidades sociais e comportamentais – *soft skills*). Assim, entende-se que nenhuma das missões da universidade evolui, de forma positiva, separadamente.

Se considerado que toda universidade tem um papel social e, portanto, relacionado a vários ODS que não apenas o ODS 4 (educação de qualidade), estudar modelos integradores das três missões colabora para a compreensão do papel das universidades na realização dos 17 ODS.

Nesse sentido, alguns modelos (*frameworks*) têm sido propostos para entender a relação entre universidade e sustentabilidade. De forma geral, esses modelos têm como objetivo auxiliar as universidades a: i) implantar práticas sustentáveis; ii) relatar seu impacto na sustentabilidade (transparência); iii) monitorar e avaliar suas práticas sustentáveis; e iv) implantar e avaliar práticas de engajamento em comunidades externas, para abordar desafios sociais.

Com relação ao primeiro objetivo, alguns autores mencionam diretamente os ODS,[26] enquanto outros criam dimensões próprias para essa avaliação.[27] Entende-se, contudo, que esse objetivo foge ao escopo deste capítulo, que se dedica a entender o papel das universidades diante dos ODS extramuros. Na mídia e em alguns artigos, por exemplo, é possível encontrar os termos "universidade" ou "*campus* sustentável" referentes a esse objetivo.

---

[26] Aashe, 2019; Aleixo; Azeiteiro & Leal, 2020; SDSN, 2017; Žalėnienė & Pereira, 2021.
[27] Brouwer & Boer, 2013; Casarejos; Frota & Gustavson, 2017; Coalition, 2022; Cole, 2003; Fischer; Jenssen & Tappeser, 2015; Greenmetric, 2022; Leal Filho *et al.*, 2021; Roorda, 2001; Yarime & Tanaka, 2012.

Ainda, saliente-se que, em alguns desses modelos, é adotada a divisão das missões (ensino, pesquisa, extensão), com a adição de uma ou mais dimensões relacionadas à administração da universidade, como gestão e governança,[28] liderança[29] e operações.[30]

Esses modelos apresentam, também, processos de implantação e engajamento das universidades no desenvolvimento sustentável,[31] considerando as três missões. O guia[32] de SDSN (*Sustainable Development Solutions Network*) para ensino superior, por exemplo, sugere cinco passos: 1. mapeamento de ações atuais; 2. construção de capacidade interna e determinação de responsabilidades com os ODS; 3. identificação de prioridades, oportunidades e lacunas; 4. integração, implementação e incorporação dos ODS nas estratégias, nas políticas e nos planos universitários; 5. monitoramento, avaliação e comunicação das suas ações com os ODS.

O segundo objetivo, transparência, está diretamente ligado ao objetivo de avaliação. Porém, nesse caso, o principal ponto é prestar contas à sociedade, e não apresentar um guia do processo de implantação ou avaliação do papel das universidades nos ODS. Parte desses modelos tem o objetivo de transparência com avaliação externa (*accountability*), e parte, o objetivo de autoavaliação (*disclosure*).[33] De forma geral, esses modelos incorporam diretamente os ODS nas missões e na gestão das IES, citando-os especificamente, como são os

---

[28] SDSN, 2017; Žalėnienė & Pereira, 2021.
[29] Dzimińska; Fijałkowska & Sułkowski, 2020; Žalėnienė & Pereira, 2021.
[30] Findler *et al.*, 2018; Schopp; Bornemann & Potthast, 2020; SDSN, 2017.
[31] Leal Filho *et al.*, 2021; SDSN, 2017.
[32] SDSN, 2017.
[33] Benneworth & Jongbloed, 2010.

casos do *THE Impact Ranking*,[34] do *Principles for Responsible Management Education*,[35] do *Manual de Valência*,[36] do *U-Multirank*[37] etc. O *THE Impact Ranking*, por exemplo, é um modelo para transparência (*disclosure*) criado pelo Times Higher Education (THE) com o objetivo de avaliar o impacto das universidades na sociedade baseado em sua contribuição para os 17 ODS. Nesse sentido, a universidade, ao responder ao THE, deve enviar comprovações de sua contribuição baseadas em uma lista de perguntas. Em 2021, participaram do *ranking* 1.115 universidades de 94 países/regiões. A universidade brasileira mais bem pontuada no *ranking* em 2021 foi a Universidade de São Paulo (USP), na 48ª posição. Em escala global, a universidade mais bem pontuada foi a University of Manchester (Reino Unido).

Apesar de toda a polêmica relacionada aos *rankings* de universidades, o *THE Ranking* traz como benefício, segundo De Iorio, Zampone e Piccolo,[38] referências de boas práticas para universidades que desejam melhorar suas ações e seus impactos pró-desenvolvimento sustentável, além de incentivar a transparência e o repensar de práticas e gestão tradicionais dessas instituições. Esse repensar traria uma melhor relação com os demais membros da sociedade, uma melhor imagem, melhores estudantes e pesquisadores, entre outros benefícios.

Nesses modelos, o papel das universidades é explicitar como suas atividades contribuem para a formação de profissionais em temas como conteúdo da formação, acesso ao ensino superior, apoio à permanência estudantil, acesso a cultura e lazer etc.

No caso do objetivo iii, de monitorar e avaliar, identifica-se, com frequência, uma referência direta aos 17 ODS. Os modelos

---

[34] Times Higher Education, 2022.
[35] PRME, 2022.
[36] Albornoz & Barrere, 2017.
[37] U-Multirank, 2022.
[38] De Iorio; Zampone & Piccolo, 2022.

encontrados na literatura e na pesquisa documental não só trazem dimensões e indicadores, mas também sugerem processos de coleta de tais informações. Entre esses modelos estão: Kellog (modelo mais geral);[39] Ferrer-Balas, Buckland e De Mingo;[40] Caeiro *et al.*;[41] Gómez *et al.*;[42] Blanco-Portela *et al.*;[43] Shawe *et al.*;[44] Aashe;[45] Dzimińska e Fijałkowska;[46] Nölting *et al.*;[47] Setó-Pamies e Papaoikonomou[48] etc.

Por exemplo, o modelo de Gómez *et al.*,[49] elaborado com base em Cortese,[50] Lozano,[51] Lozano e Young,[52] Velazquez, Munguia e Sanchez[53] e nas declarações sobre a sustentabilidade de IES, traz as IES como um sistema aberto com atividades de educação e pesquisa, engajamento público, operações e administração (Figura 8.1).

Segundo os autores, a Figura 8.1 traz uma representação visual das práticas e do esforço das IES diante do desenvolvimento sustentável, mostrando a inter-relação entre as práticas e a maneira como elas acontecem. Na base do modelo está a dimensão "operações", na qual entram todas as atividades institucionais, incluindo consumo e gestão de recursos. O nível superior relaciona-se aos canais (missões) pelos quais as universidades influenciam a sociedade; as atividades acadêmicas são atribuídas à dimensão de educação e pesquisa; e o alcance da comunidade, à dimensão engajamento público (extensão).

[39] Kellog, 2004.
[40] Ferrer-Balas; Buckland & De Mingo, 2009.
[41] Caeiro *et al.*, 2013.
[42] Gómez *et al.*, 2015.
[43] Blanco-Portela *et al.*, 2017.
[44] Shawe *et al.*, 2019.
[45] Aashe, 2019.
[46] Dzimińska & Fijałkowska, 2020.
[47] Nölting *et al.*, 2020.
[48] Setó-Pamies & Papaoikonomou, 2020.
[49] Gómez *et al.*, 2015.
[50] Cortese, 2003.
[51] Lozano, 2006.
[52] Lozano & Young, 2013.
[53] Velazquez; Munguia & Sanchez, 2005.

É importante ressaltar que, pelo conceito do Forproex,[54] as atividades de extensão são também consideradas acadêmicas.

FIGURA 8.1. ATIVIDADES UNIVERSITÁRIAS

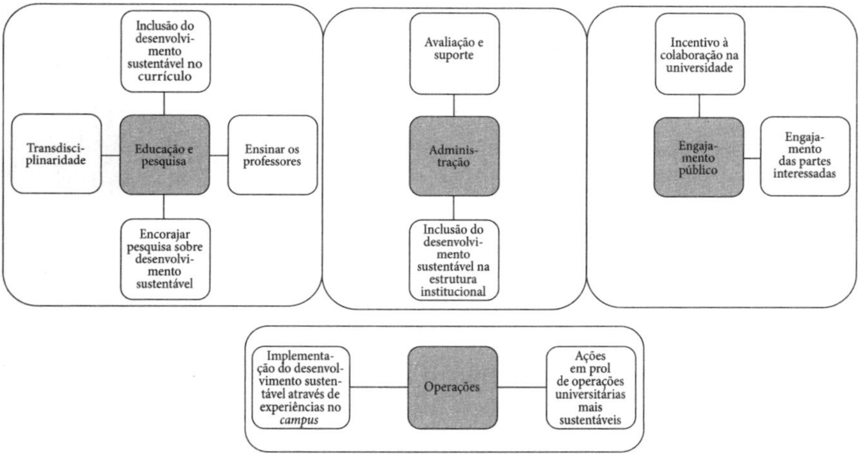

- Inclusão do desenvolvimento sustentável no currículo
- Avaliação e suporte
- Incentivo à colaboração na universidade
- Transdisciplinaridade
- Educação e pesquisa
- Ensinar os professores
- Administração
- Engajamento público
- Engajamento das partes interessadas
- Encorajar pesquisa sobre desenvolvimento sustentável
- Inclusão do desenvolvimento sustentável na estrutura institucional
- Implementação do desenvolvimento sustentável através de experiências no *campus*
- Operações
- Ações em prol de operações universitárias mais sustentáveis

Fonte: adaptado de Gómez *et al.*, 2015, p. 477.

No centro do modelo está a dimensão administrativa (conhecida também como governança), que abrange todas as estratégias, políticas e decisões da administração superior das universidades que influenciam todas as outras dimensões.[55]

Nesses modelos já se encontra a inserção dos temas dos ODS no currículo dos cursos, fomento e incentivo a pesquisa nos ODS, realização de projetos de extensão e atividades assistenciais para comunidades. Mas, ainda aqui, a universidade é considerada um ator à parte da sociedade e com função de única detentora e fornecedora de conhecimento e serviços.

O quarto objetivo, implantar e avaliar práticas de engajamento em comunidades externas para abordar desafios sociais, traz uma

---

[54] Forproex, 2012.
[55] Gómez *et al.*, 2015.

dimensão um pouco diferente, pois considera que não basta abordar os desafios para desenvolvimento sustentável de forma isolada, sendo preciso que a universidade se engaje com atores externos para isso.

Assim, para avaliar o papel das IES diante dos ODS ou o impacto no seu entorno ou na sociedade como um todo, alguns modelos propõem formas de estruturação e gestão das instituições de ensino superior com vistas ao envolvimento com os outros membros da sociedade, ou formas de tornar público o impacto das universidades nos maiores desafios da sociedade. Esse é o caso dos modelos de Ruiz Bravo, Benneworth *et al.*, TEFCE, The Carnegie Foundation for the Advancement of Teaching Elective Classification for Community Engagement, Cristofoletti e Serafim[56] etc.

De forma geral, esses modelos consideram engajamento todo relacionamento que as universidades possuem com outros atores da sociedade.[57] Esse relacionamento é uma mutuamente benéfica troca de conhecimentos e recursos num contexto de parceria e reciprocidade.[58]

Esses outros atores da sociedade são comumente chamados de *comunidade*, que consiste em organizações de governo, negócios, sociedade civil e população em geral, com identidade (ex.: crianças), interesses (ex.: esportes) ou local em comum (ex.: bairro).[59]

Segundo a Carnegie Foundation,[60] os propósitos do engajamento das universidades seriam: enriquecer a prática acadêmica, a pesquisa e atividades criativas; melhorar o currículo, o ensino e a aprendizagem; preparar cidadãos educados e engajados; fortalecer os valores democráticos e a responsabilidade cívica; abordar desafios

---

[56] Ruiz Bravo, 1992; Benneworth *et al.*, 2016; Farnell *et al.*, 2020; Carnegie Foundation, 2022; Cristofoletti & Serafim, 2020.
[57] Forproex, 2012.
[58] Farnell *et al.*, 2020; Forproex, 2012; Carnegie Foundation, 2022.
[59] Farnell *et al.*, 2020; Carnegie Foundation, 2022.
[60] Carnegie Foundation, 2022.

sociais críticos; contribuir para o bem público. Dessa forma, não é todo tipo de envolvimento ou parceria com outros membros da sociedade que é considerado engajamento.

No Brasil e em outros países da Ibero-América, essa função/ missão de engajamento é chamada de *extensão universitária*, que é o

> [...] processo interdisciplinar, político educacional, cultural, científico, tecnológico, que promove a interação transformadora entre as instituições de ensino superior e os outros setores da sociedade, por meio da produção e da aplicação do conhecimento, em articulação permanente com o ensino e a pesquisa.[61]

Assim, um dos autores que abordam a questão do engajamento das universidades é Ruiz Bravo,[62] que criou um modelo evolutivo dos modos de engajamento da universidade em comunidades externas. Para a autora, são cinco os modos de engajamento: i) prover informações (boletins, publicação de notícias e informativos); ii) relações públicas (representação da universidade em grupos e comissões); iii) disseminação de achados acadêmicos (conferências, exibições etc.); iv) influência cultural (cursos de extensão, assistência técnica etc.); v) engajamento crítico (ações de mudança social com participação dos outros atores).

O modelo de Benneworth *et al.*,[63] que tem como objetivo mapear diferentes tipos de atividades de engajamento das universidades, sugere quatro áreas de atuação dessas instituições:

a) **pesquisa engajada**: pesquisa que envolve membro externo às IES como elemento central do processo de geração de conhecimento;

---

[61] Brasil, 2018, p. 1.
[62] Ruiz Bravo, 1992.
[63] Benneworth *et al.*, 2009.

b) **compartilhamento de conhecimento**: compartilhar o conhecimento entre a universidade e os demais membros da sociedade, enquanto desenvolve novos conhecimentos por meio de coaprendizagem;
c) **serviço**: prestar serviços a membros externos que considerem úteis e/ou demandados;
d) **ensino**: envolver os demais membros da sociedade em atividades de ensino que atendam às suas necessidades e melhorem a qualidade do ensino.

Vale ressaltar que os membros externos considerados no modelo são comunidades em situação de vulnerabilidade, pequenas empresas, grupos sub-representados etc.; isto é, a acepção ampla do termo *comunidade* definido no início desta seção.

Para que fosse possível autoavaliar o envolvimento das missões das IES com os outros membros da sociedade, o projeto *Towards an European Framework for Community Engagement in Higher Education* – TEFCE[64] criou um conjunto estruturado de ferramentas (*toolbox*). Essas ferramentas são estruturadas em cinco fases: 1ª) varredura rápida; 2ª) coleta de evidências; 3ª) mapeamento e análise; 4ª) diálogo participativo; 5ª) relatório institucional. Assim, Farnell *et al.*[65] trazem diretrizes, ferramentas e um passo a passo detalhado, além de um *template* para uso das IES. As dimensões avaliadas são: i) ensinar e aprender; ii) pesquisa; iii) atendimento e troca de conhecimento; iv) estudantes; v) gestão (parcerias e transparência); vi) gestão (políticas e estruturas de apoio); vii) apoio dos pares. Um avanço desse modelo com relação aos demais, que foi criado a partir

---

[64] Farnell *et al.*, 2020.
[65] *Idem*, 2020.

das contribuições de Benneworth *et al.*,⁶⁶ é a inserção da dimensão "gestão" e é apresentado no Quadro 8.2.

QUADRO 8.2. ESTRUTURA DO MODELO TEFCE

Dimensões	Subdimensões
I. Ensinar e aprender	I.1. A universidade tem programas de estudo ou cursos compatíveis com as necessidades da sociedade que são específicas do seu contexto e das suas comunidades externas.
	I.2. A universidade tem programas de estudo ou cursos, para os estudantes, que incluem um componente de aprendizado baseado na comunidade.
	I.3. A universidade facilita a participação de representantes da comunidade no processo de ensino e aprendizagem (em contexto curricular ou extracurricular).
	I.4. A universidade tem programas de estudo ou cursos que são criados, revisados ou avaliados em consulta/cooperação com as comunidades externas a ela.
II. Pesquisa	II.1. A universidade realiza pesquisas com foco nas necessidades sociais das comunidades externas.
	II.2. A universidade realiza pesquisas colaborativas/ participativas em cooperação com as comunidades externas.
III. Atendimento e troca de conhecimento	III.1. Os funcionários da universidade contribuem para debates e iniciativas que atendam às necessidades das comunidades externas.
	III.2. Os funcionários da universidade fornecem seus conhecimentos para apoiar e/ou desenvolver a capacidade das comunidades externas.
	III.3. As atividades de engajamento dos funcionários da universidade apresentam benefícios para as comunidades externas.
IV. Estudantes	IV.1. Os estudantes realizam atividades de engajamento em comunidades de forma independente por meio de organizações ou iniciativas estudantis.
	IV.2. A universidade facilita e apoia parcerias entre estudantes e comunidades externas.
V. Gestão (parcerias e transparência)	V.1. A universidade tem um histórico de parcerias mutuamente benéficas com suas comunidades externas.
	V.2. A universidade torna os recursos de aprendizagem e pesquisa acessíveis às suas comunidades externas.
	V.3. A universidade dispõe de instalações e serviços geridos em conjunto e/ou acessíveis às suas comunidades externas.

continua→

⁶⁶ Benneworth *et al.*, 2009.

VI. Gestão (políticas e estruturas de apoio)	VI.1. A universidade oferece apoio e/ou incentivos para conquista de engajamento comunitário por parte de seus funcionários, estudantes e comunidades externas.
	VI.2. A universidade tem uma estrutura de apoio (por exemplo, comitê, escritório ou equipe) para incorporar e coordenar atividades de engajamento em comunidades no nível universitário.
	VI.3. A universidade tem políticas de desenvolvimento de pessoal (por exemplo, recrutamento, promoção) que incluem o engajamento em comunidades como critério.
	VI.4. A universidade tem uma missão, estratégia, liderança e instrumentos (de financiamento) que promovem especificamente o engajamento em comunidades.
VII. Apoio dos pares	VII.1. A universidade tem membros acadêmicos proeminentes com bom histórico de engajamento em comunidades e que defendem seu avanço.
	VII.2. A equipe acadêmica da universidade aceita a ideia de engajamento universidade-comunidade e o valor e o rigor do ensino e pesquisa engajados em comunidades.

Fonte: Farnell *et al.*, 2020, p. 13.

Pode-se perceber, nesses modelos, que o envolvimento de estudantes e o desenvolvimento de suas competências estão ligados a cada uma dessas atividades e subdimensões. Isto é, o estudante pode construir competências trabalhando com pesquisa participativa ou fazendo cursos que consideram esse engajamento uma parte fundamental de seu currículo.

Entende-se, dessa forma, que os modelos aqui apresentados podem ter como objetivos a transparência, o apoio a uma implantação e a uma gestão mais sustentáveis, a mensuração de resultados e impactos, e a facilitação ou avaliação do envolvimento com outros membros da sociedade. Apesar de trazerem as três missões das universidades, esses modelos não o fazem de forma indissociada; neles, cada uma das missões é avaliada separadamente. Além disso, tais modelos não trazem a discussão de como tais atividades influenciam o desenvolvimento de competências profissionais.

Nesse sentido, na seção seguinte, propõe-se um modelo integrado das missões da universidade que sirva como guia ao cultivo de competências para um desenvolvimento mais sustentável.

PROPOSTA DE MODELO INTEGRADOR PARA FORMAÇÃO DE PROFISSIONAIS ALINHADOS AOS ODS

Direta ou indiretamente, o ensino superior está relacionado aos 17 ODS. Porém, com as exigências de transparência e integração da extensão nos currículos de graduação das universidades brasileiras, a existência de um modelo integrador de implementação e apoio dos ODS nas missões das universidades é de suma importância para docentes e gestores universitários.

Ademais, é possível observar que, na literatura, mesmo os modelos que integram as três missões das universidades não o fazem de forma indissociada e crítica com os demais membros da sociedade, nem deixam claras as competências desenvolvidas. Adiante, tem-se como intuito a proposição de um modelo conceitual baseado na revisão de literatura e na experiência profissional dos autores como docentes, coordenadores de ensino, atuantes em extensão universitária e gestores universitários.

A base teórica desse modelo está na indissociabilidade das missões de ensino, pesquisa e extensão, na necessidade de engajamento crítico em comunidades, nos maiores desafios para o desenvolvimento sustentável (17 ODS) e nas demandas por formação profissional. Na Figura 8.2, apresenta-se a ideia da indissociabilidade entre as missões colocadas em ordem de estabelecimento na universidade, segundo a literatura.[67]

---

[67] Barquet *et al.*, 2013.

FIGURA 8.2. MISSÃO UNIVERSITÁRIA E CONEXÃO COM OS ODS

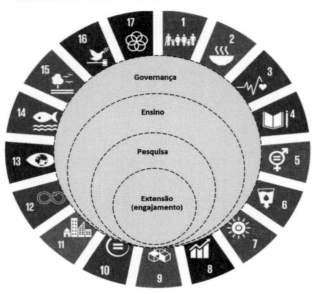

Fonte: elaboração própria com base no *framework* dos ODS das Organizações das Nações Unidas, 2022.

Sampaio[68] afirma que a vertente mais forte no ensino é a socialização do conhecimento, enquanto na pesquisa é a produção do conhecimento, e na extensão é a indagação da relevância (social) do conhecimento. Por isso, a união dessas três missões é fundamental para a contribuição das universidades à sociedade como um todo.

Assim, um projeto de extensão (engajamento) pode ser também uma pesquisa participativa em comunidades, podendo envolver estudantes de graduação e pós-graduação no planejamento e na execução tanto da extensão quanto da pesquisa. Nessa linha, Cortese[69] afirma que a formação dos estudantes deve refletir a íntima conexão entre ensino e pesquisa; compreender e reduzir qualquer

[68] Sampaio, 2004.
[69] Cortese, 2003.

impacto ambiental e social da instituição; e trabalhar na melhoria das comunidades locais e regionais, para que sejam mais saudáveis, mais vibrantes, mais seguras, e econômica e ambientalmente mais sustentáveis.

Essas missões estão sob governança de objetivos, estratégias e políticas estabelecidas pelas lideranças universitárias. Dessa forma, essa governança é responsável por manter um ambiente de apoio, incentivo e valorização de ações indissociadas que levem a uma formação profissional com vistas ao desenvolvimento sustentável.

Nossa perspectiva é de que as três missões e a governança são sistemas abertos que estão em constantes trocas de conhecimentos entre si, trocas estas representadas pelos pontilhados na Figura 8.3.

FIGURA 8.3. IMPLEMENTAÇÃO DOS ODS
COM AS COMPETÊNCIAS E A MISSÃO UNIVERSITÁRIAS

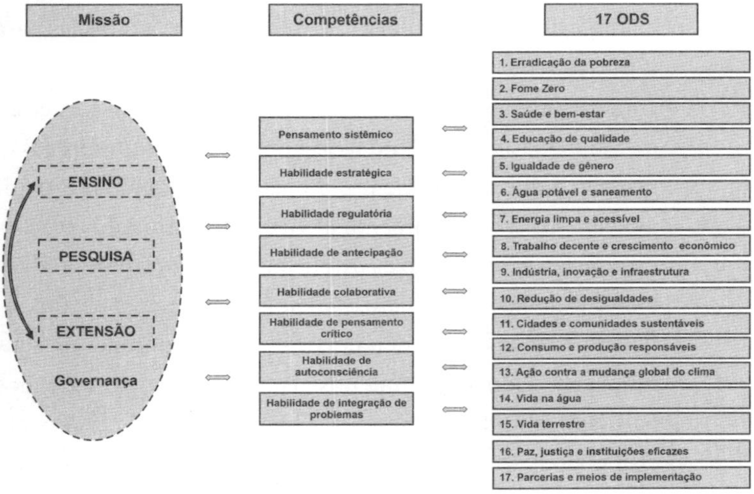

Missão	Competências	17 ODS
ENSINO	Pensamento sistêmico	1. Erradicação da pobreza
	Habilidade estratégica	2. Fome Zero
	Habilidade regulatória	3. Saúde e bem-estar
PESQUISA	Habilidade de antecipação	4. Educação de qualidade
	Habilidade colaborativa	5. Igualdade de gênero
EXTENSÃO	Habilidade de pensamento crítico	6. Água potável e saneamento
	Habilidade de autoconsciência	7. Energia limpa e acessível
Governança	Habilidade de integração de problemas	8. Trabalho decente e crescimento econômico
		9. Indústria, inovação e infraestrutura
		10. Redução de desigualdades
		11. Cidades e comunidades sustentáveis
		12. Consumo e produção responsáveis
		13. Ação contra a mudança global do clima
		14. Vida na água
		15. Vida terrestre
		16. Paz, justiça e instituições eficazes
		17. Parcerias e meios de implementação

Fonte: elaboração própria.

Unindo as necessidades de formação profissional com as missões das universidades, propõe-se o modelo integrado da Figura 8.3.

Nesse modelo, as missões influenciam e são influenciadas pelas competências a serem desenvolvidas ou fortalecidas, em vista dos 17 ODS. Ainda, observa-se o papel da governança margeando as três missões, podendo impactá-las direta ou indiretamente, de forma individual ou coletiva, a depender das ações tomadas pela universidade ao longo do tempo.

Com base nessa inter-relação, observa-se que essas missões universitárias podem contribuir com as competências para atingir os ODS. Destaca-se, portanto, que a missão universitária deverá atuar em uma simbiose para a promoção de competências e dos ODS. A seguir, apresentam-se alguns exemplos que podem auxiliar no processo.

- **Ensino**: o ensino para a sustentabilidade possui, entre as dimensões, o papel pioneiro e serve como guia para o processo de inserção da sustentabilidade na universidade. No entanto, devem-se formar estudantes com competências para o pensamento sistêmico, com habilidades de reconhecer e compreender as relações com a sociedade, analisar a complexidade, a integração e os sistemas. Como um processo evolutivo do conhecimento, o ensino irá trabalhar a competência para o pensamento crítico, cujo enfoque é o de os estudantes serem capazes de questionar as normas, práticas e opiniões que os rodeiam. Adicionalmente, eles devem refletir sobre valores e percepções – especialmente os seus próprios –, adotando uma posição e um discurso baseados na sustentabilidade. Diante das habilidades do pensamento sistêmico e do pensamento crítico, é de suma importância, também, que a universidade trabalhe com o estudante a habilidade regulatória, a qual pretende que os futuros graduados adquiram as habilidades necessárias ao entendimento e à reflexão sobre as normas e os fundamentos para as ações.

Ou seja, o estudante terá que ser capaz de entender o todo, ter uma visão crítica e saber posicionar-se acerca das normas dos processos.

- **Pesquisa**: na pesquisa, as universidades podem atuar em diferentes contextos, conforme suas áreas de especialidades, para a resolução de problemas. Em associação a essa missão, destaca-se uma competência importante: a habilidade de antecipação. A antecipação é uma competência que visa formar nos estudantes habilidade para entender e analisar diferentes cenários futuros, diferenciando os possíveis do prováveis e dos desejáveis, criando suas próprias perspectivas do que poderá acontecer no futuro, com cautela, avaliando as consequências das ações que podem tomar e lidando com os riscos e as mudanças resultantes.
- **Extensão**: a extensão universitária está relacionada com a comunicação dialógica entre a sociedade e a universidade. Essa comunicação tem como objetivo gerar conhecimentos e estabelecer um diálogo com as atividades acadêmicas de ensino e de pesquisa, por meio de processos ativos de formação. As universidades devem buscar formar muitas habilidades, entre elas a colaborativa. Os estudantes deverão compreender e respeitar as necessidades, perspectivas e ações dos outros através de empatia, liderança enfática e resolução de conflitos de grupos, facilitando a resolução de problemas de forma participativa. Ainda neste processo, é de suma importância a obtenção da habilidade de autoconsciência, a qual visa refletir sobre o papel que cada graduando irá desempenhar na comunidade e na sociedade. Tal habilidade é essencial para a constante avaliação e promoção dos desejos. Além de o profissional estar conectado com questões colaborativas e de autoconsciência, é relevante que possua habilidade estratégica

e de integração de problemas. A habilidade estratégica tem como foco que as universidades encorajem seus estudantes ao desenvolvimento coletivo e a ações para implementação de inovações e promoção do desenvolvimento sustentável. Já a habilidade de integração de problemas deverá permitir que os estudantes tenham a capacidade de saber aplicar diferentes soluções de problemas para modelos complexos de desenvolvimento sustentável e adotar soluções equitativas que promovam o desenvolvimento sustentável.

Com relação a como incorporar os ODS e as competências na formação de profissionais, os responsáveis por disciplinas e cursos podem planejá-los de forma a considerar quais competências devem ser desenvolvidas. É importante ressaltar que as três missões, e a governança que lhes dá suporte, são de suma importância para a formação profissional alinhada com os ODS. Cada dimensão contribui para essa formação com diferentes papéis e deve atuar de maneira conectada e interligada, propiciando uma simbiose para que o estudante possa criar, aplicar e difundir seus conhecimentos, sua criatividade e suas competências na atuação com a sociedade. Cabe salientar, ainda, que os 17 Objetivos para o Desenvolvimento Sustentável da Agenda 2030 trazem o desafio de que cada cidadão tenha o seu papel, sendo muito importante que os estudantes sejam proativos na sua formação, para aplicar os Objetivos em seus projetos e em suas atividades, nas organizações onde virão a atuar.

Entende-se, portanto, que um dos pontos fortes do modelo proposto é que ele considera a formação de competências para o desenvolvimento sustentável como um processo interativo, interdisciplinar e dialógico em relação aos principais desafios trazidos pelos ODS, com os demais atores da sociedade. Isto é, traz uma visão e uma ação extramuros voltadas a uma formação de profissionais alinhada aos ODS.

9
UNIVERSIDADES EMPREENDEDORAS E A SUSTENTABILIDADE: O CASO DA UNICAMP

Bruno Brandão Fischer
Paola Rücker Schaeffer
José Guimón
Maribel Guerrero

INTRODUÇÃO

O estudo de caso selecionado trata da Universidade Estadual de Campinas (Unicamp), uma universidade líder no contexto brasileiro no que diz respeito à qualidade da pesquisa e à intensidade da transferência de tecnologia. Esse caso foi selecionado adotando os critérios teóricos para identificar universidades empreendedoras com base em estudos existentes,[1] quais sejam: i) a promoção de uma cultura empreendedora em toda a comunidade universitária; ii) os esforços institucionais para desenvolver um ecossistema empreendedor e fomentar iniciativas inovadoras e empreendedoras; iii) os impactos socioeconômicos; iv) o processo de transformação contínua; e v) o envolvimento de diversos atores socioeconômicos nas decisões, nas atividades e nos objetivos da universidade.

A estratégia de coleta de dados parte de avaliação aprofundada de documentos publicamente disponíveis da Unicamp, os quais permitiram identificar agentes de interesse, bem como compreender

---

[1] Guerrero & Urbano, 2019; Guerrero; Cunningham & Urbano, 2015; Guerrero & Urbano, 2012.

o perfil institucional da universidade e, em particular, sua orientação para: i) engajar-se em processos de desenvolvimento regional e fomentar iniciativas sustentáveis; e ii) articular-se e colaborar com empresas em projetos específicos relacionados a questões sociais e ambientais com vistas ao desenvolvimento sustentável.

Posteriormente, foram realizadas entrevistas pela equipe de pesquisa com quatro categorias de agentes dentro da organização: representantes institucionais, organizações estudantis, centros e grupos de pesquisa e *spin-offs* (subprodutos) acadêmicas. Uma entrevista adicional foi realizada com uma grande empresa multinacional que tem histórico de interações com a Unicamp, oferecendo uma perspectiva complementar de *stakeholder* externo.

Essa amostra seguiu, além da identificação prévia de atores de interesse, uma abordagem de *snowballing* (bola de neve) para alcançar indivíduos interessados na avaliação. Foram realizadas 14 entrevistas em março, abril e maio de 2019. Todas foram gravadas com o consentimento dos participantes, transcritas por dois assistentes de pesquisa e analisadas pelos autores (esse procedimento segue recomendações do Comitê de Ética em Pesquisa da Universidade Estadual de Campinas. As entrevistas foram aprovadas pelo protocolo nº 89010418.2.0000.8142/Projeto Universidades como Eixos Estruturantes de Ecossistemas de Inovação). Os perfis dos entrevistados não são apresentados com mais detalhes para respeitar a privacidade dos indivíduos. Embora com variações e adaptações, segundo as categorias dos entrevistados, os roteiros da entrevista abordaram:

a) nível de institucionalização de inovações sustentáveis nas atividades de transferência de conhecimento e tecnologia;
b) dinâmica das colaborações universidade-empresa e potenciais ligações com transições sustentáveis;
c) práticas estratégicas de transferência de tecnologia e seu potencial de promoção da sustentabilidade;

d) desafios futuros em relação a novas contribuições das conexões universidade-empresa para o sistema socioeconômico e o ambiente natural.

As informações coletadas através das entrevistas foram codificadas e examinadas em consonância com as categorias analíticas apresentadas na revisão de literatura. A análise dos dados codificados e triangulados envolveu a busca de padrões entre as entrevistas,[2] fortalecendo assim a validade interna da pesquisa. Seguindo Eisenhardt,[3] os dados foram interpretados à luz da literatura existente, e a análise foi guiada por tentativas de alcançar "replicação literal" (prever achados semelhantes) e "replicação teórica" (prever resultados contrastantes, mas por razões previsíveis).

CONTEXTO ANALÍTICO

O contexto brasileiro e, mais especificamente, o da Unicamp oferecem um cenário empírico relevante para explorar a contribuição das universidades nos processos de transição para o desenvolvimento sustentável. A Unicamp é uma das principais universidades públicas do Brasil e da América Latina. A instituição tem atuação *multicampi*, com 24 institutos, 21 centros de pesquisa e três hospitais. Abriga cerca de 2 mil professores com titulação doutoral (99% do corpo docente) e 20 mil alunos. Mais de 10% de todos os artigos científicos indexados brasileiros têm pelo menos um coautor filiado à Unicamp.[4]

A Unicamp também é reconhecida como uma das mais prolíficas instituições latino-americanas em termos de transferência de

---

[2] Yin, 2003.
[3] Eisenhardt, 1989.
[4] Guerrero; Urbano & Gajón, 2014.

tecnologia.[5] Adicionalmente, a universidade possui direcionamentos estratégicos explícitos que incorporam os Objetivos de Desenvolvimento Sustentável da Organização das Nações Unidas, evidenciando seu comprometimento com ensino, pesquisa, extensão e transferência de tecnologia com viés sustentável. Por sua vez, a região de Campinas é um dos ecossistemas empreendedores e de inovação mais dinâmicos da América Latina.[6]

ANÁLISE EMPÍRICA: A EVOLUÇÃO DAS PRÁTICAS DE TRANSFERÊNCIA DE TECNOLOGIA NA UNICAMP

A evolução das práticas de transferência de tecnologia, na Unicamp, pode ser caracterizada em três etapas. Na primeira etapa, durante a década de 1980, a Unicamp tornou-se pioneira, no contexto brasileiro, no desenvolvimento e na proteção do seu portfólio de propriedade intelectual (PI). Concretamente, a universidade estabeleceu mecanismos formais para proteger sua PI e licenciá-la para parceiros industriais. Nessa fase inicial (Entrevista 1), os principais desafios envolveram o estabelecimento de conexões de longo prazo com parceiros do setor produtivo e a obtenção de maiores níveis de confiança e alinhamento operacional com as empresas, levando em consideração a existência de conflitos culturais entre a academia e a indústria.

No segundo estágio, mais especificamente em 1990, foi criado o primeiro Núcleo de Inovação Tecnológica (NIT) da Unicamp, visando institucionalizar ainda mais os processos de transferência de tecnologia, fornecer novos incentivos e serviços de apoio aos pesquisadores universitários e reduzir a desconfiança entre a univer-

---

[5] Dias & Porto, 2018.
[6] Fischer; Queiroz & Vonortas, 2018.

sidade e as empresas.[7] Como resultado, a Unicamp tornou-se a universidade mais ativa em termos de depósitos de patentes do Brasil, bem como a instituição mais interativa em termos de cooperação com a indústria no país.[8] No entanto, as estruturas e as estratégias de conhecimento existentes começaram a se tornar obsoletas no final da década de 1990. Consequentemente, em 2003, o NIT foi absorvido pela Agência de Inovação (Inova), que adotou uma abordagem mais proativa, ampla e de longo prazo para intensificar o engajamento da Unicamp na indústria. A Inova também passou a gerenciar as atividades de transferência de tecnologia das parcerias de P&D da Unicamp, o Parque Científico, as Incubadoras de Empresas e o Centro de Empreendedorismo.

Na terceira etapa, a universidade adotou um perfil orientado para a sustentabilidade social e ambiental, deixando claro que as práticas de transferência de tecnologia existentes precisavam ser reformuladas para apoiar essa transição. Até então, o portfólio de PI da universidade não era alinhado com necessidades sociais e ambientais. Atualmente, a política institucional em relação à PI é de que patentes com impactos ambientes negativos, como a geração de poluentes, não sejam depositadas. Além do patenteamento e do licenciamento, novas iniciativas e métricas se tornaram necessárias para captar adequadamente a contribuição da universidade com inovações sustentáveis. A especialização da Unicamp em termos de áreas do conhecimento tem impulsionado a contribuição da instituição para a sustentabilidade em algumas áreas-chave, como ciências da saúde, engenharia elétrica, computação, engenharia mecânica, biologia, química, energia e petróleo. As capacidades de colaboração de P&D (pesquisa e desenvolvimento) da Unicamp com agentes públicos e privados envolvidos no ecossistema de inovação regional

---

[7] Hertzfeld; Link & Vonortas, 2006.
[8] Fischer; Schaeffer & Vonortas, 2019.

representam mais uma oportunidade para a geração de contribuições sociais e ambientais. Essa terceira etapa teve início em 2005 com a implementação da Lei Brasileira de Inovação, que foi instituída no ano anterior, isto é, em 2004. Esse novo marco regulatório buscou promover relações mais estreitas entre universidades e mercados visando fomentar o desenvolvimento regional. Essa etapa ainda está em curso, como abordado na seção subsequente.

PRÁTICAS DE TRANSFERÊNCIA DE TECNOLOGIA NA UNICAMP E DESAFIOS PARA TRANSIÇÕES SUSTENTÁVEIS

A partir das entrevistas, identificaram-se quatro casos representativos de práticas de transferência tecnológica que promovem o desenvolvimento de inovações sustentáveis.

- **Caso 1**: O Centro de Estudos de Petróleo (Cepetro) foi criado na Unicamp em 1987, com base em parcerias com a Royal Dutch Shell e a Petrobras. O objetivo desse centro era superar barreiras tecnológicas na indústria de petróleo e gás. De acordo com as entrevistas, a pesquisa conjunta realizada no Cepetro acaba se traduzindo na qualidade de formação dos alunos (transferência de habilidades via atividades de ensino), bem como na contribuição para os objetivos sociais e na minimização dos impactos climáticos (transferência de tecnologia para inovações sustentáveis através de atividades de pesquisa).
- **Caso 2**: Projeto de P&D, iniciado em 2009, conduzido pelo Biofrabris e direcionado à utilização de recursos naturais (poliuretano do açaí e derivação de biomateriais de melaço de cana-de-açúcar) para aplicações em cirurgia plástica. Esse

projeto tem potencial social ao agregar valor ao cultivo e à comercialização do açaí e do melaço da cana-de-açúcar, gerando riqueza para as comunidades envolvidas na colheita. Além disso, o Biofabris está envolvido com outras iniciativas de impacto ambiental, como a utilização do resíduo de higienização de laranjas, sendo possível extrair o limoneno para a fabricação de um biopolímero.

- **Caso 3**: Parceria da Unicamp com a Companhia Paulista de Força e Luz (CPFL, parte do grupo chinês State Grid), iniciada em 2017, para gerar energia eficiente e sustentável. Os testes desse projeto foram realizados no *campus* principal da Unicamp, no âmbito da iniciativa Campus Sustentável. Nesse caso, a proximidade geográfica entre os atores permite um fluxo intensivo de alunos da universidade, que são empregados pela empresa parceira.
- **Caso 4**: Em 2015, a Unicamp passou a integrar uma rede internacional de universidades (ISCN – International Sustainable Campus Network) e criou internamente o Grupo Gestor de Universidades Sustentáveis (GGUS) para tratar dos temas, definir as ações e atingir as metas que são obrigatórias para os participantes da rede. Em 2016, foram criadas as câmaras técnicas para debater diferentes assuntos, entre as quais a Câmara Técnica de Gestão de Energia. A partir da experiência do Campus Sustentável, a Unicamp ampliou colaborações, incorporando outras universidades, empresas e órgãos governamentais para criar conjuntamente o Hub Internacional de Desenvolvimento Sustentável em Campinas. Segundo o representante institucional entrevistado, esse *hub* tem como objetivo "fomentar atividades de pesquisa, ensino e divulgação da Unicamp com foco no desenvolvimento socioeconômico sustentável".

Embora as iniciativas de inovação sustentável gerem uma intensa atividade tecnológica com orientações socioambientais, dois principais desafios foram destacados durante as entrevistas. Por um lado, observa-se a dificuldade de alinhar os interesses institucionais da universidade com a autonomia dos pesquisadores. Por outro lado, a falta de incentivos para o engajamento em iniciativas de inovações sustentáveis foi identificada como um desafio crítico por pesquisadores e empreendedores de *spin-offs*. O segundo obstáculo mencionado também está relacionado com a demanda de mercado limitada, no país, por produtos baseados em ciência com apelo sustentável e, consequentemente, com o acesso escasso a linhas específicas de financiamento (para pesquisadores) e a capital de risco (para empreendedores).

No que concerne à influência das capacidades regionais para as inovações sustentáveis, as entrevistas revelaram que a existência de um quadro institucional facilitou o *networking* para o desenvolvimento de inovações com essa orientação dentro do contexto do ecossistema de inovação regional. Representantes institucionais destacaram que políticas social e ambientalmente responsáveis afetaram as demandas industriais nas interações com a Unicamp. Essa percepção é corroborada por pesquisadores envolvidos em um projeto de P&D abordando questões relacionadas à sustentabilidade ambiental e à eficiência energética. Os entrevistados reconhecem o impacto das políticas setoriais na promoção de projetos conjuntos de P&D com agentes públicos/privados, bem como dos mecanismos estratégicos que fortaleceram as conexões com a indústria. Da mesma forma, entrevistas com coordenadores de centros de pesquisa e empreendedores de *spin--offs* têm ressaltado a importância das estruturas de transferência de tecnologia da Unicamp. De acordo com essas percepções, a Agência de Inovação facilita a aproximação com a indústria, além de estimular ativamente uma cultura empreendedora mais sólida (social) entre a comunidade acadêmica, promovendo, assim, inovações sustentáveis. Como exposto pelo líder de grupo de pesquisa,

> [...] no passado, colaborar com empresas era uma prática desaprovada na universidade pública – você só podia fazer pesquisa. Então, um dia, ficamos sem dinheiro, e as pessoas começaram a perguntar "como vamos financiar pesquisas agora?". Agora temos que recorrer às empresas privadas. [...] pesquisadores e professores mais jovens também estão renovando o ambiente com novas ideias.

No entanto, esses processos são lentos e observáveis apenas no longo prazo. Pesquisador de outro grupo observa que, com exceção das empresas multinacionais, há falta de engajamento em colaborações com foco em P&D de inovações sustentáveis no Brasil.

No mesmo sentido, a percepção das empresas aponta para barreiras associadas à morosidade dos processos internos na universidade, tornando os acordos contratuais excessivamente lentos. Além disso, outra forma de integração consiste no amplo fluxo de estudantes de graduação e pós-graduação para ocupar cargos nas empresas, aspecto percebido como fonte relevante de contribuição para futuras interações com o ambiente acadêmico, reforçando a ideia de que a pesquisa compartilhada – universidade e indústria – pode favorecer a qualidade do ensino.

AS PRÁTICAS DE TRANSFERÊNCIA DE HABILIDADES NA UNICAMP E O PAPEL DOS ALUNOS

A Unicamp institucionalizou a inovação social e empreendedora como eixos críticos da sua função de ensino. Além disso, tem um forte compromisso com a inclusão de estudantes de baixa renda. Uma iniciativa fundamental nesse sentido é o Programa de Formação Interdisciplinar Superior (ProFIS). Esse programa é pioneiro no

Brasil e favorece alunos de escolas públicas de ensino médio de Campinas em situação de vulnerabilidade social. A iniciativa permite aos alunos cursar um programa de educação interdisciplinar, com duração de dois anos, antes de decidirem se desejam ingressar em um curso superior universitário formal. Além disso, a Unicamp tem incluído cotas sociais e raciais em seus vestibulares, visando reduzir as desigualdades de acesso. Sua última ação nesse sentido foi o engajamento em comunidades indígenas para selecionar estudantes de tribos da região amazônica. Mais importante, como complemento desses programas, é a implementação de estratégias para reduzir as taxas de evasão dos discentes através de assistência financeira com bolsas de estudo, de serviços psicológicos e de acesso a moradia.

Outras formas de engajamento dos alunos em inovações socioambientais envolvem a aprendizagem ativa por meio de projetos de pesquisa. Por exemplo, um novo curso para graduandos tem como foco o desenvolvimento de gasoduto para geradores de energia doméstica, iniciando com estudos de viabilidade técnica e chegando à fase de protótipos até o final do programa. O líder de um grupo de pesquisa menciona que, quando esse tipo de iniciativa é incorporado em projetos conjuntos com a indústria, frequentemente há ofertas de bolsas de estudo financiadas por empresas. Nesse sentido, a Unicamp busca integrar os alunos nas atividades de desenvolvimento e nos projetos de inovação sustentável.

As organizações estudantis representam um eixo relevante no desenvolvimento educacional, pois elas promovem o empreendedorismo social e fomentam as articulações com comunidades vulneráveis. Contudo, os alunos entrevistados destacam dois obstáculos. Em primeiro lugar, dado o baixo nível de engajamento dos docentes nas iniciativas discentes, o desafio é melhorar a inclusão dessas iniciativas nos projetos de pesquisa e nas mentorias da Unicamp, as quais tendem a focar projetos orientados para o avanço tecnológico e liderados pelo corpo docente sênior. Em segundo lugar, embora existam estruturas e modelos de inovação, a sua aplicação implica a necessidade de desenvolvimento de tecnologias economicamente viáveis. Um exemplo relevante de inovação sustentável, especialmente na dimensão social, é um projeto recente que buscou desenvolver tendas para auxiliar populações de áreas afetadas por desastres naturais, resultando em produtos acessíveis e simples de montar. Dada a escassez de recursos, o principal desafio, nesse caso, é a limitada disponibilidade de recursos financeiros para a realização de projetos orientados para a sustentabilidade.

ALÉM DA CIÊNCIA: A UNICAMP NO FOMENTO AO EMPREENDEDORISMO

Nas entrevistas, empreendedores acadêmicos expõem que a cultura e as instituições acadêmicas promovem o empreendedorismo através de políticas e iniciativas dedicadas. Uma iniciativa, nesse sentido, é o foco no afroempreendedorismo. Além disso, destaca-se a importância estratégica das incubadoras de negócios, as quais oferecem suporte gerencial e acesso a redes que alavancam a capacidade dos novos negócios. Exemplos de empresas incubadas na universidade e com impacto social incluem as *start-up*s Alba, Bioxthica e Haabox.

A Unicamp oferece não apenas uma incubadora voltada para negócios intensivos em tecnologia, como também uma incubadora dedicada a apoiar tecnologias sociais de promoção da inclusão e da geração de renda para grupos vulneráveis. Os projetos incluem cooperativas na área de saneamento básico e de técnicas agroecológicas. Esse ambiente está fortemente relacionado às atividades de pesquisa, sendo que estudantes de graduação e de pós-graduação buscam se envolver em treinamentos e pesquisas com foco na dinâmica e no impacto desses negócios.

Interações com empresas estabelecidas dentro do escopo de um grande projeto de pesquisa para sustentabilidade ambiental e eficiência também resultaram na geração de *spin-offs*, como relatado pelo líder de um grupo de pesquisa. Dessa forma, as atividades do projeto funcionaram como um espaço de testes para o desenvolvimento de novas tecnologias, enquanto as atividades de *networking* com grandes empresas abriram oportunidades de mercado para que os alunos seguissem trajetórias de carreira empreendedoras. Novamente, a cultura pró-empreendedorismo da universidade facilitou esses processos. Ademais, o apoio financeiro a P&D em pequenas empresas tem assumido um caráter estratégico na alavancagem das *start-up*s. Como principal instituição de fomento, nesse contexto, está a Fundação de Amparo à Pesquisa do Estado de São Paulo (Fapesp), entidade pública estadual.

A despeito dos casos de sucesso analisados, a promoção do empreendedorismo na universidade enfrenta desafios, que são ainda mais significativos no caso das inovações sociais e ambientais. Os obstáculos podem ser atribuídos ao marco regulatório global e às condições macroeconômicas da economia brasileira, bem como à falta de capacitação para o empreendedorismo nas áreas de Stem (sigla em inglês para Ciências, Tecnologia, Engenharia e Matemática). O líder de um centro de pesquisa enfatiza essas barreiras:

> [...] onde estão os *spin-offs*? É tudo desafiador no Brasil [...] Não somos treinados para sermos empreendedores. É só agora que esse modelo tem se destacado. [...] Nas próprias teses de doutorado, você começa a perceber que tem contexto mercadológico e de inovação, visando gerar um produto ou processo, e que o aluno não seja só dependente de uma vaga como professor em uma universidade. Ele também pode ser o empreendedor de uma *start-up*.

Um aspecto adicional nessa discussão refere-se às exigências burocráticas para que os empreendedores permaneçam conectados aos laboratórios e à infraestrutura de pesquisa da universidade. Um empreendedor destacou que a documentação e os procedimentos a serem executados para formalizar parceria com uma unidade de pesquisa da Unicamp são excessivos, considerando o contexto de uma pequena empresa. Embora as grandes empresas tenham capacidade de destinar recursos e pessoas para gerenciar esses processos, torna-se complexo para uma *start-up* dedicar tempo a isso. Como resultado, há falta de incentivos para que *spin-offs* estabeleçam relações mais próximas com a academia.

SUGESTÃO DE EIXOS CONCEITUAIS

O estudo de caso permite sugerir um conjunto de eixos conceituais e proposições acerca da conexão entre universidades empreendedoras e o seu papel na dinâmica de transição para trajetórias de desenvolvimento sustentável. Espera-se que essas proposições possam oferecer insumos para fomentar uma agenda de pesquisa nesse campo.

Eixo estratégico 1: capacidades acadêmicas para o desenvolvimento sustentável

As capacidades da universidade empreendedora são condições fundamentais na implementação de práticas estratégicas para a gestão da transferência de tecnologia com vistas ao desenvolvimento sustentável. Os achados apontam para diversos desafios, no nível institucional, associados à tradução de desenvolvimentos científicos e tecnológicos em inovações sustentáveis. Em particular, elementos críticos identificados na pesquisa de campo abrangem a dinâmica interna das relações entre membros da comunidade acadêmica, procedimentos burocráticos que regulam as interações com agentes externos e sistemas de incentivo associados à medição de desempenho e incentivos. Esses achados estão alinhados com observações prévias sobre condições processuais para que tais inovações ocorram.[9]

Dessa forma, propõe-se que a eficácia das estratégias das universidades empreendedoras para gerenciar a transferência de tecnologia com vistas ao desenvolvimento sustentável é moldada pelas capacidades universitárias associadas a: i) existência de uma cultura colaborativa envolvendo todos os membros da comunidade acadêmica e orientada para a geração de impactos sociais e ambientais positivos; ii) criação de canais institucionais que facilitem conexões com agentes externos e cocriação de valor sustentável; e iii) implementação de estruturas de incentivo que recompensem o compromisso de pesquisadores e professores com projetos de inovação sustentável baseados em ciência de ponta.

Eixo estratégico 2: integração com os ecossistemas de inovação

Os resultados da análise sugerem que as empresas também podem se beneficiar do estabelecimento de vínculos com universidades, baseados na dinâmica de desenvolvimento sustentável orientado pela inovação. Embora as universidades brasileiras sejam frequentemente percebidas como fontes potenciais de P&D avançado,[10] as contribuições poderiam ser reforçadas por um foco mais forte em produtos e processos sustentáveis. Como demonstram as entrevistas, as *spin-offs* acadêmicas muitas vezes enfrentam barreiras associadas à dificuldade de alcançar escala – um obstáculo que poderia ser superado através de cooperação mais estreita com empresas já estabelecidas. Ao alcançarem mercados grandes e inexplorados, as

---

[9] Bayuo; Chaminade & Göransson, 2020.
[10] Fischer; Schaeffer & Vonortas, 2019.

empresas poderiam atingir níveis mais elevados de competitividade a partir de iniciativas conjuntas com universidades, gerando, em última instância, maior bem-estar social e a mitigação de impactos ambientais negativos.

Seguindo essa lógica, as capacidades regionais do ecossistema de inovação ocupam um papel central para institucionalizar e legitimar a orientação socioambiental da transferência de conhecimento das universidades. As capacidades complementares de universidades e empresas justificam por que os formuladores de políticas devem desempenhar um papel que facilite e adense os vínculos nos ecossistemas de inovação. Nesse processo, os avanços tecnológicos devem estar associados a necessidades das comunidades vulneráveis e do meio ambiente. Além disso, estudo de caso destacou o papel da Fundação de Amparo à Pesquisa do Estado de São Paulo (Fapesp) na promoção das interações universidade-empresa através do financiamento de projetos de pesquisa e também a partir de iniciativas que visam explicitamente à transferência de tecnologia.

Dessa forma, assumindo a relevância das capacidades corporativas nesse contexto, identifica-se que a efetividade das práticas das universidades empreendedoras para a geração de transições sustentáveis é moderada pela dinâmica dos ecossistemas de inovação em que as instituições acadêmicas estão inseridas, compreendendo os agentes complementares, as instituições, a densidade das interações e a orientação geral para os impactos sociais e ambientais.

Eixo estratégico 3: marcos institucionais e políticas para o desenvolvimento sustentável

Em um contexto mais amplo, políticas industriais e políticas de ciência, inovação e ensino superior delineiam as regras do jogo em relação ao comportamento dos agentes diante das práticas de desenvolvimento sustentável. As interações estabelecidas entre universidades e empresas nos ecossistemas de inovação, por exemplo, ainda carecem de marcos institucionais e iniciativas que possibilitem o fortalecimento de tais alianças. Isso é crítico especialmente em países em desenvolvimento, nos quais a academia tem um papel fundamental na formação das capacidades competitivas das empresas.[11]

Dessa forma, marcos regulatórios e normativos podem fomentar ou dificultar o engajamento das universidades em redes colaborativas. Em última análise, espera-se que essas iniciativas impulsionem impactos sociais e ambientais que possam transbordar em âmbitos nacional e internacional. Com base nesses argumentos, a efetividade das estratégias das universidades empreendedoras para a geração e a transferência de tecnologia com vistas ao desenvolvimento sustentável é diretamente influenciada por políticas adequadas que promovam o engajamento social em atividades industriais, pesquisa científica e ensino superior.

---

[11] Eun; Lee & Wu, 2006.

10
LIDERANÇA SUSTENTÁVEL ESPIRITUALIZADA

Paulo Hayashi Jr.

INTRODUÇÃO

A liderança é um fenômeno tão antigo quanto a necessidade de organização social de grupos para a lida e a sobrevivência em diferentes tempos, em especial para os inóspitos.[1] De maneira individual, o ser humano pode não se destacar em relação aos outros animais. Por exemplo, o urso é mais forte que qualquer pessoa, uma águia vê mais longe, e um tigre corre mais rápido que os indivíduos mais preparados.

Todavia, a genialidade do ser humano para ultrapassar tais bichos e se tornar o rei de todos os animais está justamente no desenvolvimento do pensamento abstrato, da imaginação, do raciocínio lógico, da criatividade e de trabalho e execução em grupo.[2] Até mesmo o sentido humano só foi possível expandir a partir do momento em que as pessoas com fêmures quebrados ou qualquer outro problema físico não foram mais abandonadas e deixadas para

---

[1] Mumford, 1906.
[2] Chopra & Tanzi, 2013.

trás.³ Nesses momentos, a necessidade do sentido de liderança, mesmo em estado de simples comando, já expressa com clareza a importância do tema para o avanço da humanidade.⁴

Em todos os períodos humanos, desde os sumérios, a mais antiga civilização conhecida, há cerca de 30 mil anos, até os reinos, as dinastias e os impérios do Egito e o romano, pode-se destacar a liderança, para o bem ou para o mal, nos resultados e nas consequências para seus povos.⁵

De maneira geral, após o final da Idade Moderna das grandes navegações, há o aparecimento das organizações como instigadoras da liderança em grupos específicos.⁶ Já recentemente, o tema vem sofrendo mudanças devido às próprias alterações da sociedade e à maneira com que a vida é vivenciada e percebida, em especial quanto a questões climáticas e espirituais, em contraposição aos resultados concretos e econômicos.⁷

As mudanças de gerações, a tecnologia e os eventos ambientais influenciam no tipo de liderança esperado e legitimado hoje e obrigam as pessoas em cargos de poder a equilibrar os ganhos em diferentes arenas, muitas vezes contraditórias, e o conceito de *maximização* pode ser então substituído por *harmonia*.⁸

Por exemplo, instigado em 1972 na cidade de Estocolmo, na conferência do meio ambiente da ONU – Organizações das Nações Unidas –, e concretizado no relatório Brundtland em 1987, o termo *desenvolvimento sustentável* (DS) ganha forma e força em objetivos que atendem "às necessidades do presente sem comprometer a possibilidade de as gerações futuras atenderem às suas próprias

---

3   Blumenfeld, 2020.
4   Henderson, 1989.
5   Mumford, 1906.
6   Weber, 1981.
7   Benmira & Agboola, 2021; Elkington, 1998; Organ, 1996; Van Seters & Field, 1990.
8   Fry, 2003; Granovetter, 1985.

necessidades".[9] O relatório é amplo e cobre aspectos desde a questão da pobreza até o aumento da população *versus* os recursos naturais.

Outro passo importante para a alavancagem do DS foi o trabalho do sociólogo britânico John Elkington em 1994, com a cunhagem do *Triple Bottom Line* (TBL) e a demarcação de objetivos nas áreas sociais, ambientais e econômicas, o que favorece os esforços de operacionalização das organizações em geral.[10]

Objetivos sociais são aqueles relacionados às necessidades dos *stakeholders*, colaboradores internos e externos da organização. É a busca da qualidade de vida e do suprimento das necessidades gregárias do ser. Já "ambientais" são os objetivos ecológicos e de proteção do meio ambiente, mesmo que em lugares distintos de atuação da organização.[11] O conceito de redes e da atuação holística faz com que o ambiente seja visto de maneira ampla.[12] Recentemente as energias limpas e renováveis ganharam força, principalmente com o avanço tecnológico. Por fim, as necessidades econômicas são os ganhos financeiros obtidos pelas organizações, as quais são vistas não mais como o único objetivo ou propósito, mas apenas como mais um entre vários. Assim, não mais o lucro a qualquer custo ou jeito, mas com o comportamento correto e justo.[13]

A busca de objetivos e resultados harmônicos insere a difícil tarefa ao líder de ser polivalente e multifacetado e de ser sustentável consigo mesmo,[14] com suas aptidões e dificuldades para equilibrar-se nessas demandas que ultrapassam o lado técnico-científico para adentrar em áreas da natureza e do domínio interior, estas últimas como uma *proxy* (procuração) para relacionar a questão da

---

[9] Comissão Mundial sobre Meio Ambiente e Desenvolvimento, 1988.
[10] Elkington, 1998.
[11] Nascimento; Lemos & Mello, 2008.
[12] Capra, 1997.
[13] Aguilera *et al.*, 2004; Elkington, 1998; Granovetter, 1985.
[14] Fry; Vitucci & Cedillo, 2005.

espiritualidade e do mundo, que ultrapassa as fronteiras e os limites do planeta Terra. A corrida espacial e as aventuras humanas por novas terras em diferentes planetas e até mesmo em nosso satélite natural, a Lua, fazem com que a sustentabilidade e a ecologia não mais se restrinjam à Terra.

Nesse sentido, o capítulo se propõe a apresentar, de maneira exploratória, o conceito de *liderança sustentável espiritualizada* como uma possibilidade de a pessoa, em cargo de liderança e gestão, identificar e esmerilhar *gaps* pessoais de diferentes dimensões, para criar condições de obter líderes preparados para os novos tempos. Não mais aqueles dirigentes prontos, "enlatados" em fórmulas de sucesso, tais como os vistos nos últimos 50 anos. Mas aqueles que se conhecem e se desafiam para o aprimoramento pessoal com vistas ao progresso do universo. É o conceito de espiritualidade e de espiritualização do ser que o coloca como arquiteto de sua vida e também do cosmos.[15]

Mais do que líderes capazes de comandar outros pelo poder conferido pela hierarquia familiar ou pela tradição,[16] pessoas que inspiram outras e que se tornam modelos e guias de adaptação para estes novos tempos.[17] Em outras palavras, resultados equilibrados que vêm não apenas pelo conhecimento, mas também pelos relacionamentos e, em especial, pelo alinhamento com a paz interior, com sua consciência.[18]

De forma complementar, pessoas que também confiem em seu potencial de realização do bem para os outros indivíduos, sem erros e enganos que acabam "desescalando" a si mesmos como líderes. São essenciais tanto o potencial quanto a entrega nos cargos de liderança,

---

[15] Foucault, 1986; Fry, 2003; Hadot, 1995.
[16] Weber, 1981.
[17] Fairholm, 1996; Yang *et al.*, 2020.
[18] Hayashi Jr., 2009.

pois somente assim é possível que a sustentabilidade seja tratada de maneira integral.[19]

OS DOMÍNIOS DA LIDERANÇA SUSTENTÁVEL ESPIRITUALIZADA

Ao olhar para o universo, estima-se que existam entre 200 bilhões e 2 trilhões de galáxias. Com o avanço tecnológico, certamente haverá condições de dizer com mais precisão a quantidade. Em todo caso, demonstra-se a pequenez da Terra e do ser humano diante desse mar de números. Desse modo, o *framework* de liderança sustentável espiritualizada não se restringe ao ponto de vista terráqueo, mas busca uma harmonia do líder, de sua postura e seus comportamentos, em face de uma realidade maior.

Para tanto, é necessário frisar que a liderança sustentável espiritualizada não busca substituir o DS ou o TBL, mas ajudá-los na operacionalização de seus objetivos. Ou seja, a liderança sustentável espiritualizada é uma maneira de preparar o líder na busca de objetivos e metas que envolvam diferentes arenas, desde a questão social, passando pela questão ambiental, até a questão econômica.[20]

Para que o líder consiga obter tais resultados, é essencial que se organize internamente e equilibre diferentes tensões e dimensões, internas e externas.[21] Por isso, para a liderança sustentável espiritualizada, há o cuidado com três domínios: o "eu" interior, os outros e o mundo geral e universal (Figura 10.1). Cada uma das inquietações será detalhada nas seções seguintes.

---

[19] Benefiel, 2005; Dries & Pepermans, 2012; Fairholm, 1996.
[20] Nascimento; Lemos & Mello, 2008.
[21] Dries & Pepermans, 2012; Fairholm, 1996; Fry; Vitucci & Cedillo, 2005; Goleman; Boyatzis & Mckee, 2001; Lewin, 1951.

FIGURA 10.1. MODELO DE LIDERANÇA SUSTENTÁVEL E ESPIRITUALIZADA

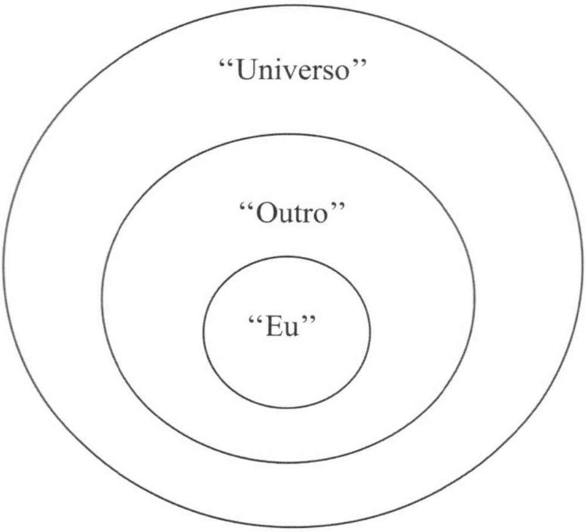

"Universo"
"Outro"
"Eu"

Fonte: elaboração própria.

PREOCUPAÇÃO COM O SEU "EU" INTERIOR

Um dos pontos de destaque da liderança sustentável espiritualizada é o domínio pessoal. Apenas líderes com equilíbrio emocional e organização da casa mental podem promover o desenvolvimento dos comportamentos, das atitudes e das ações para a operacionalização correta das medidas voltadas ao DS.[22] Ou, como diria Goethe, erudito alemão do século XVIII, "a conduta é um espelho em que cada um mostra a sua imagem". Todavia, não é uma tarefa fácil realizar esse polimento interior. Devido à extensão do tema, destacaremos três pontos fundamentais: o autoconhecimento, o equilíbrio emocional e o equilíbrio do estresse.

O autoconhecimento é visto como uma peça essencial na liderança desde os tempos da Antiguidade. As inscrições do "Conhece-te a

[22] Goleman; Boyatzis & Mckee, 2001.

ti mesmo" nos templos de Luxor no Egito e também no templo de Apolo em Delfos na Grécia já expressavam tal preocupação. Foi nesta última que a máxima do autoconhecimento ganhou destaque,[23] muito provavelmente por causa de Sócrates, aprendiz famoso que auxiliou na sua popularização.[24]

O eminente filósofo ateniense, imortalizado nas páginas de Platão, destaca a necessidade de se conhecer, principalmente com o alerta para não desprezar suas falhas morais e de conhecimento. Por meio do autoconhecimento, é possível analisar seus pontos fortes e fracos, propor um projeto pessoal de autodesenvolvimento e correção de suas imperfeições,[25] e também lidar com o autocuidado e a autorreflexão para uma vida melhor.[26]

Outro praticante do autoconhecimento, e em cargo de liderança, foi o imperador romano Marco Aurélio (121-180 d.C.). Estudante e praticante do estoicismo, teve como mestres Júnio Rústico e Epicteto.[27] Para o imperador, o autoconhecimento era praticado através de um caderno de anotações e reflexões sobre problemas cotidianos e lições de aprendizagem, que deveriam ser repetidas para sua internalização. As anotações não tinham intenção de se tornar um livro no sentido tradicional, mas, devido ao conteúdo e também ao cargo do autor, ganharam destaque como maneira de praticar uma reflexão crítica dos seus próprios pensamentos e sentimentos.[28]

Escritos por volta dos anos 171-175 d.C., os pensamentos e as meditações do imperador Marco Aurélio expressam tanto a busca pelo autoconhecimento quanto pelo equilíbrio interno como uma

---

[23] Wilkins, 1929.
[24] Takala, 1998.
[25] Hadot, 1995.
[26] Foucault, 1986.
[27] Ackeren, 2012.
[28] Brunt, 1974.

forma adequada de postura em face das dificuldades.[29] Não havia apenas os problemas do Império, fossem eles burocráticos ou de guerra, mas também as difíceis relações familiares que o imperador enfrentava. Todavia, Marco Aurélio conseguiu ficar na história como o imperador-filósofo, ou seja, alguém com uma liderança capaz de trazer inspiração positiva aos demais.[30]

A harmonia e o equilíbrio pessoal também se destacam no conhecimento antigo por meio da máxima délfica "nada em excesso". A temperança e a moderação como maneiras de percorrer o caminho do equilíbrio e da harmonia.[31]

No meio científico das organizações, apenas recentemente o equilíbrio emocional ganha destaque, com os trabalhos de inteligência emocional de Daniel Goleman.

Para Goleman,[32] é fundamental não deixar as emoções governarem as ações, principalmente com o risco de assumir posições não sensatas devido às paixões desenfreadas. Algo similar é encontrado nas tradições antigas, seja por parte dos filósofos estoicos, seja por outras abordagens.[33] Por exemplo, na história hindu e dos vedas, há a metáfora do cavaleiro e do cavalo, sendo este as paixões do corpo físico.[34]

Deixar-se levar pelas paixões é como se o cavalo guiasse o cavaleiro, e não o contrário. Assim, a inteligência emocional trata do controle das emoções e do manter-se estável mesmo em situações extremas de pressão e conflito. Isso possibilita condições de resolução e superação dos problemas, seja por meio de uma ampla compreensão

---

[29] Stanton, 1959.
[30] Ackeren, 2012.
[31] Wilkins, 1929.
[32] Goleman, 2011.
[33] Wilkins, 1929.
[34] Feuerstein, 2006.

dos fatores, seja por meio da evitação da armadilha de responder prontamente, ou de maneira inadequada, a determinada situação.[35]

Além disso, com inteligência emocional favorável, é possível acelerar o processo de aprendizagem e conseguir contornar o empecilho de maneira eficiente.[36] O que gera a adaptação para situações favoráveis e também o reforço da confiança em si mesmo.

A inteligência emocional também auxilia no processo de compreensão de seus pontos fortes e fracos. Isso reforça o autoconhecimento e também a condição de resiliência diante de situações adversas. O que corrobora o terceiro ponto da preocupação com o "eu", que é justamente o estresse.

A pressão por resultados de trabalho, o acúmulo de diferentes papéis, a falta de "tempo" e o ritmo acelerado das mudanças fazem com que o estresse seja considerado o mal do século.[37]

O estresse é uma tensão que, se não distendida e aliviada, pode influenciar na deterioração sistêmica da saúde e resultar em problemas mais graves, tais como: síndrome do esgotamento, depressão, dificuldades cardíacas, doenças gástricas, problemas de sono, e até mesmo invalidar o trabalhador para a função, de maneira temporário ou não.[38] Ademais, "o estresse crônico causa alterações nas funções executivas, memória, atenção, psicomotricidade e rebaixamento cognitivo de forma geral".[39]

Autoconhecimento, inteligência emocional e resiliência ao estresse interagem entre si, o que acaba fortalecendo a necessidade de adotar uma visão sistêmica e integral dos fatores (Figura 10.2).

---

[35] Goleman, 2011; Goleman; Boyatzis & Mckee, 2001.
[36] Dries & Pepermans, 2012.
[37] Santos & Santos, 2005.
[38] Sadir; Bignotto & Lipp, 2010.
[39] Silva & Torres, 2020, p. 10.

FIGURA 10.2. PREOCUPAÇÕES COM O "EU"

Fonte: elaboração própria.

PREOCUPAÇÃO COM OS "OUTROS" (*STAKEHOLDERS*)

Adam Smith, filósofo e economista escocês do século XVIII, ficou famoso por seu ensaio sobre a riqueza das nações. Sua obra precedente, sobre a teoria dos sentimentos, colocava a necessidade de desenvolver aspectos morais do indivíduo antes de ele obter os tesouros materiais, como uma condição de suportar tal provação.[40]

Nesse aspecto, o erudito escocês destaca a importância de se preocupar com o próximo, de se colocar em seu lugar e compreender o que se passa para evitar feri-lo com palavras ou ações. Essa preocupação, que se pode chamar atualmente de *empatia* e de *simpatia*, na época do autor era desconhecida, e para ele a questão era tratada como *simpatia* e *imaginação*.[41]

---

[40] Smith, 1999.
[41] Ganem, 2002.

Além disso, a preocupação maior com a felicidade não pode ser apenas com a minha, a do ego, pois, como expressa o ditado latino *Summum ius, summa iniuria*, que significa "o máximo do direito, o máximo da injustiça", a felicidade é uma condição somente possível ao se colocarem a liberdade e a satisfação do próximo juntas. É uma atividade cooperativa, vindo daí, para Smith, a necessidade do olhar simpático.[42]

Apenas recentemente o conceito de *empatia* foi dissociado de *simpatia*. Em 1903, o psicólogo alemão Theodor Lipps expressou a ideia de projeção dos sentimentos de uma pessoa para determinada obra de arte, cunhando o conceito de *Einfühlung*.[43] Essa leitura do outro sem julgamentos, com a profundidade necessária a uma compreensão maior, é o que posteriormente se sedimenta no conceito de *empatia*. Esta, como a compreensão afetiva, cognitiva e emocional, pode ter a simpatia ou não dos envolvidos.

Como a simpatia e a empatia podem fornecer o vínculo entre o líder e seus colaboradores, de dentro ou fora da organização, é vital nutrir e desenvolver tais conexões (Figura 10.3).

FIGURA 10.3. PREOCUPAÇÃO COM OS "OUTROS"

Fonte: elaboração própria.

---

[42] *Idem*, 2002; Smith, 1999.
[43] Jahoda, 2005.

Para o fortalecimento dos vínculos socioemocionais, é essencial que o líder cuide das relações como catalisadores das atividades cotidianas.[44] Mais do que a visão da hierarquia, a vontade espontânea de pessoas que cuidam umas das outras. Podem-se citar algumas atividades desenvolvidas por Chapman[45] que auxiliam nessa tarefa: tempo de qualidade, lembranças, palavras, cuidado e contato.

- Tempo de qualidade: refere-se a doar determinado tempo, esforço e preocupação para o próximo e, em especial, para a equipe. Ficar com a equipe, auxiliando no trabalho do dia a dia, em suas preocupações e seus problemas. Estar conectado com a equipe e oferecer também tempo, momentos para que se possa não apenas executar o trabalho, como refazer-se também.
- Lembranças: presentes físicos, pequenas lembranças que demonstrem a importância da pessoa para o líder. É lembrar-se dela, dos colaboradores, mesmo em situações inusitadas; lembrar que a relação é algo em que vale a pena investir. Não é o valor que conta, mas a capacidade de comunicar a importância da pessoa.
- Palavras afirmativas: fazer elogios sinceros e trazer palavras positivas, seja de apoio, seja de aprendizagens, para que se mantenham a confiança e a capacidade de relacionamento.
- Cuidado: parar as atividades pessoais para ajudar a equipe, ou alguma pessoa específica. Ou pelo menos oferecer tal préstimo. Importar-se com a saúde, os problemas pessoais, as dificuldades eventuais que podem atingir qualquer indivíduo na organização.
- Contato: um aperto de mão, um abraço, um gesto de solidariedade e de cooperação são atitudes que fazem com

---

[44] Goleman, 2011; Goleman; Boyatzis & Mckee, 2001.
[45] Chapman, 2012.

que a outra pessoa perceba que pode contar com o líder e que este está próximo e disponível para quando precisar.

Os trabalhos de Chapman[46] sobre valorização das relações em ambientes organizacionais demonstram que o líder, para ser fonte de inspiração e exemplo, deve ir além dos atributos de conhecimento e de hierarquia para adentrar o lado relacional. Além de ter preocupação com os "outros", também é importante tê-la com o universo.

PREOCUPAÇÃO COM O MUNDO GERAL E UNIVERSAL

A amplitude do universo faz com que se questionem a pequenez do ser humano e a participação do líder e das organizações nessa aglomeração de planetas, estrelas, galáxias e outros corpos celestes. Além disso, os experimentos científicos com o telescópio espacial Hubble demonstram que o universo está em expansão acelerada.[47]

Uma maneira plausível e não exaustiva de se preocupar com o cosmos é ajudar no progresso da vida. Como elemento de preocupação com o universo, podem-se destacar a busca e a realização de propósitos superiores que se alinham com o progresso geral (Figura 10.4).

Ter propósitos superiores insere sentido na existência e torna digna a labuta, individual ou coletiva.[48] Para Frankl,[49] os propósitos superiores auxiliam no encontro da pessoa consigo, com sua consciência e espiritualidade íntima, de maneira a ser útil para a sociedade e para o mundo.

---

[46] *Idem.*
[47] Greshko, 2022.
[48] Hayashi Jr., 2016.
[49] Frankl, 2003, 2005.

FIGURA 10.4. PREOCUPAÇÃO COM UNIVERSO

Fonte: elaboração própria.

Pessoas com propósitos superiores conseguem ser mais resistentes às dificuldades da existência, pois estão dispostas a se sacrificar para a conquista dos objetivos.[50] Nas palavras do filósofo alemão Friedrich Nietzsche: "Aquele que tem um porquê para viver pode enfrentar quase todo o cosmos".

Propósitos superiores podem significar tanto uma causa quanto uma profissão e até mesmo uma pessoa amada.[51] Ter por que acordar e trabalhar motiva de maneira disciplinada o ser que busca se superar e expandir seus limites e suas fronteiras pessoais.

Por outro lado, para o filósofo ateniense Sócrates, para que uma pessoa venha a ter uma vida digna, é preciso que ela busque a prática do bem, do belo e da verdade de maneira ampla e atemporal; que busque o aprimoramento constante de suas condutas e de seus comportamentos para o progresso e o bem geral.[52]

Mais do que um estilo arcaico de liderar, o líder que exerce uma liderança sustentável espiritualizada busca operacionalizar o difícil

---

[50] *Idem*, 2010.
[51] Lukas, 1989.
[52] Takala, 1998.

equilíbrio sugerido na passagem bíblica da porta estreita:[53] "Entrem pela porta estreita, pois larga é a porta e amplo o caminho que leva à perdição, e são muitos os que entram por ela" (Matheus 7:13). Referimo-nos à porta estreita do equilíbrio, da harmonização das diferentes tensões e forças favoráveis ou contrárias às ações, dentro ou fora da organização. Não mais a organização funcional que busca apenas os recursos econômico-financeiros, mas uma organização que tenha um cuidado maior com a vida e que se expanda até mesmo para fora do planeta Terra.

A liderança da harmonia, tanto do mundo interior quanto do mundo exterior, entre aspectos econômicos e não econômicos insere questões de mudança pessoal que parecem ser ilimitadas em sua busca de realização plena.[54] Ou seja, que a definição de bom líder sombreia com a de uma pessoa digna, e que a felicidade, conceito filosófico tão complexo, parece se coadunar com a paz interior. Uma paz de consciência e que se torna mais íntima e pessoal do que a pressão por conquista de metas e desafios. Mais do que a metáfora da competição, a da cooperação de todos para o bem geral.

A sustentabilidade pode ter diferentes matizes, mas pode extrapolar as fronteiras do planeta, devido aos recentes avanços tecnológicos espaciais. Ademais, com a comprovação científica da expansão do universo, o convite a um olhar amplo sobre o papel da liderança, sem esquecer da sua própria consciência e espiritualidade,[55] se faz presente na liderança sustentável espiritualizada.

Esta se alinha com três preocupações ou cuidados: consigo, com os outros e com o universo. Ou, em outras palavras, com seu reino interior, com o reino da matéria e com o universo. Abarcar diferentes dimensões e ser sustentável é muito mais importante e amplo que a

---

[53] Delbecq, 1999; Fairholm, 1996; Fry, 2003; Hayashi Jr., 2009.
[54] Dries & Pepermans, 2012.
[55] Delbecq, 1999; Fry, 2003.

simples questão da ecologia, sendo o planeta Terra apenas um dos planetas que compõem a vida dentro de um universo gigantesco. Cabe ao líder a busca da compreensão e do trabalho em face dos desafios da vida.

Nesse sentido, autoconhecimento, equilíbrio emocional e resistência ao estresse são parte do cuidado pessoal consigo mesmo.[56] Em situações complexas e multivariadas, é essencial que o líder seja aquele em quem as pessoas possam confiar. Cabe ao líder se aprimorar e se fortalecer para ajudar com mais propriedade a equipe e o grupo maior de *stakeholders*.

Daí a importância da criação de vínculos com os seus semelhantes. A empatia e a simpatia auxiliam nesse processo de conexão afetiva e emocional com os colaboradores.[57] Ademais, depois de estendido o vínculo, é fundamental seu desenvolvimento por meio de atitudes e ações que tornem benquista a liderança. Mais do que um modo hierárquico, a liderança parece se alinhar com um processo relacional e de capacidade de ajuda, inspiração e ensino, para os fins justos.

Propósitos superiores que dignificam o trabalho de todos configuram a terceira preocupação, com o universo. É o alinhamento de objetivos superiores que auxilia a expansão geral, sem esquecer dos próprios indivíduos envolvidos. É a satisfação consigo mesmo e com sua consciência. O universo está em todos os lugares, até mesmo dentro do indivíduo.

---

[56] Goleman, 2011; Goleman; Boyatzis & Mckee, 2001.
[57] Ganem, 2002; Smith, 1999.

CONSIDERAÇÕES FINAIS

Como salientado na apresentação, o intuito desta obra é o de proporcionar ao leitor (seja ele estudante, educador, pesquisador ou profissional interessado no assunto) um conhecimento inicial associado a sustentabilidade e gestão. Os autores dos capítulos, em sua maioria docentes e pesquisadores da área, há tempos sentiam a necessidade de uma obra com esse objetivo e vinham debatendo acerca da estrutura mais adequada para isso. Cada capítulo foi cuidadosamente pensado em termos de conteúdo e ordem de apresentação para proporcionar ao leitor o melhor resultado em termos de aprendizado e conhecimento; conhecimento este que acreditamos se fará útil na integração da sustentabilidade aos sistemas de gestão de diferentes tipos de organizações e também no enfrentamento dos problemas do mundo real.

Notamos que muitas pessoas que lidam com a sustentabilidade e com a gestão organizacional precisam melhor compreender as relações entre tecnologia, inovação e sustentabilidade, uma vez que na atualidade muito se debate sobre os efeitos da digitalização na sociedade como um todo. Também notamos como é comum as pessoas simplificarem demasiadamente os problemas complexos do mundo real, propondo soluções que não resolvem as questões críticas. Os capítulos 1 e 2 foram desenvolvidos visando proporcionar conhecimentos e abordagens para lidar com tais questões.

É importante que o leitor também compreenda que um empreendedor cada vez mais deve ter seu modelo de negócio pautado pela busca de métricas financeiras, sociais e ambientais, abarcando a dinâmica do ecossistema e a relação entre seus atores. Nesse contexto, é comum encontrar pessoas que, ao debaterem o empreendedorismo, se preocupam unicamente com os aspectos financeiros. O intuito do capítulo 3 foi trazer um pouco desses conceitos aos nossos leitores, desafiando alguns paradigmas.

Evoluindo para o contexto empresarial, os capítulos 4, 5 e 6 se propuseram a reforçar conceitos que os autores sempre notaram serem frágeis em debates sobre os referidos assuntos nas organizações. No capítulo 4, por exemplo, foi reforçada a ideia de que é preciso trabalhar a sustentabilidade de forma integrada na cadeia de suprimentos das empresas e de que a economia circular se caracteriza como um ótimo modelo para isso; muitos gestores ainda não atentam à possibilidade de que resíduos de um setor podem ser utilizados em outros setores produtivos. Já no capítulo 5, o tema foi a sustentabilidade empresarial, evidenciando como as normas ISO podem ser utilizadas pelas empresas para criar sistemas de gestão em prol do desenvolvimento sustentável; muitos gestores ainda não conhecem o potencial dessas normas para auxiliá-los na jornada rumo à estruturação de sistemas de gestão sustentável em temáticas específicas. O capítulo 6 complementa os debates na esfera empresarial, trazendo o modelo de negócios sistema produto--serviço e evidenciando em que situações ele pode contribuir para a sustentabilidade.

Em geral, existiam dúvidas relacionadas aos projetos de Mecanismos de Desenvolvimento Limpo (MDLs), versando sobre os tipos de iniciativas existentes, etapas de implantação, entre outros aspectos. Como já salientado, tal tema voltou à tona principalmente após a realização da 26ª Conferência das Partes da Convenção das Nações Unidas sobre Mudança do Clima (COP 26), quando alguns ajustes foram feitos nas regras associadas ao mercado de créditos de carbono, e, dadas tais características, julgamos pertinente a inserção do capítulo 7 para sanar as dúvidas de nossos leitores sobre o tema.

Nos capítulos 8 e 9, o intuito foi enfatizar o importante papel das universidades e/ou instituições de ensino superior na formação dos futuros profissionais alinhados aos conceitos do desenvolvimento sustentável. Se estes pretendem desenvolver, nas organizações, práticas de gestão de excelência baseadas nesses conceitos, é preciso que essa base seja sólida, e ela se consolida na formação profissional nas universidades e/ou instituições de ensino superior.

Ao trazermos o tema de liderança sustentável espiritualizada, no capítulo 10, não estamos de forma alguma debatendo aspectos religiosos ou de natureza semelhante, mas sim motivando os leitores a refletir acerca de como líderes podem utilizar alguns aspectos dessa vertente ao se prepararem para buscar o autoconhecimento rumo a determinado propósito. A liderança sustentável espiritualizada configura uma proposta que visa harmonizar a direção com diferentes forças e dimensões. Cabe ao indivíduo a consciência de seus atos, suas ações, seus pensamentos e sentimentos, para auxiliar na construção de relacionamentos e situações capazes de elevar o padrão de desempenho em diferentes áreas, algo totalmente alinhado com o que se espera da sustentabilidade.

Não temos a pretensão de esgotar os temas discutidos nos capítulos, pois entendemos toda a magnitude e a multidisciplinaridade que os envolvem. Queremos sim, com esses textos, instigar nossos leitores a "tomar gosto" pelo assunto e ir além; fazer com que eles se interessem por buscar mais conhecimentos na área de gestão e sustentabilidade por meio de cursos de especialização, novas leituras, realização de debates em grupos, implantação de projetos em organizações de diferentes tipos, entre outras ações. Também desejamos que a troca de experiências e lições aprendidas entre diferentes pessoas na referida interface possa ser cada vez mais potencializada.

Por fim, destacamos que todos os autores desta obra ficam à disposição dos leitores para dúvidas, questionamentos, debates e outros assuntos relacionados a sustentabilidade e gestão; não por obrigação, mas por paixão pelo tema e por acreditarem fielmente que é por meio do desenvolvimento sustentável que a humanidade encontrará um caminho mais adequado a ser trilhado.

REFERÊNCIAS

AASHE. *STARS Technical Manual*, version 2.2, 2019. Disponível em <https://stars.aashe.org/resources-support/technical-manual/>. Acesso em 21/9/2023.

ABAD-SEGURA, E. *et al.* "Sustainability of educational technologies: an approach to augmented reality research". *Sustainability (Switzerland)*, vol. 12, n. 10, 2020.

ABNT-ISO. *ABNT NBR ISO 14040 – gestão ambiental – avaliação do ciclo de vida – princípios e estrutura*. Rio de Janeiro, ABNT, 2009.

____. *ISO 26000 – diretrizes sobre responsabilidade social*. Rio de Janeiro, ABNT, 2010.

ABNT-NBR. *ABNT ISO 16001 – responsabilidade social – sistema de gestão – requisitos*. Rio de Janeiro, ABNT, 2012.

____. *ABNT ISO 14001 – sistema de gestão ambiental – requisitos com orientação para uso*. Rio de Janeiro, ABNT, 2015.

____. *ABNT NBR ISO 20400: compras sustentáveis – diretrizes*. Rio de Janeiro, ABNT, 2017.

____. *ABNT ISO 50001 – sistemas de gestão de energia*. Rio de Janeiro, ABNT, 2018.

ACKEREN, M. Van. *A Companion to Marcus Aurelius*. London, Wiley-Blackwell, 2012.

ACKOFF, R. L. "Towards a system of systems concepts". *Management Science*, vol. 17, n. 11, 1971, pp. 661-671.

AGUILERA, R. V. et al. "Putting the S Back in Corporate Social Responsibility: A Multi-level Theory of Social Change in Organizations". *SSRN Electronic Journal*, 2004. Disponível em <http://www.ssrn.com/abstract=567842>. Acesso em 21/9/2023.

AHMED, M.; MUBARIK, M. S. & SHAHBAZ, M. "Factors affecting the outcome of corporate sustainability policy: a review paper". *Environmental Science and Pollution Research*, vol. 28, n. 9, mar. 2021, pp. 10.335-10.356.

AKBAR, P. & HOFFMANN, S. "Creating value in product service systems through sharing". *Journal of Business Research*, vol. 121, Dec. 2020, pp. 495-505. Disponível em <https://doi.org/10.1016/j.jbusres.2019.12.008>. Acesso em 21/9/2023.

ALBORNOZ, M. & BARRERE, R. *Manual Iberoamericano de Indicadores de Vinculación de la Universidad con el Entorno Socioeconómico. Manual de Valencia. Observatorio Iberoamericano de la Ciencia, la Tecnología y la Sociedad (OCTS-OEI). Red Iberoamericana de Indicadores de Ciencia y Tecno.*, 2017. Disponível em <http://www.ricyt.org/wp-content/uploads/2017/06/files_manual_vinculacion.pdf>. Acesso em 21/9/2023.

ALEIXO, A. M.; AZEITEIRO, U. M. & LEAL, S. "Are the sustainable development goals being implemented in the Portuguese higher education formative offer?". *International Journal of Sustainability in Higher Education*, vol. 21, n. 2, 21 fev. 2020, pp. 336-352. Disponível em <https://www.emerald.com/insight/content/doi/10.1108/IJSHE-04-2019-0150/full/html>. Acesso em 21/9/2023.

ALLEN, C.; METTERNICHT, G. & WIEDMANN, T. "Prioritising SDG targets: assessing baselines, gaps and interlinkages". *Sustainability Science*, vol. 14, n. 2, 2019, pp. 421-438. Disponível em <https://doi.org/10.1007/s11625-018-0596-8>. Acesso em 21/9/2023.

ALLES, M. *Elija Al Mejor: La Entrevista en Selección de Personal. La Entrevista por Competencias*. Madrid, Ediciones Granica, 2019.

ANHOLON, R. et al. "Assessing corporate social responsibility concepts used by a Brazilian manufacturer of airplanes: A case study at Embraer". *Journal of Cleaner Production*, vol. 135, nov. 2016, pp. 740-749.

ANHOLON, R. *et al.* "COVID-19 and the targets of SDG 8: reflections on Brazilian scenario". *Kybernetes*, vol. 50, n. 5, maio 2021, pp. 1.679-1.686.

_____. "The importance of ISO management system standards in a scenario of profound changes caused by the Covid-19 pandemic to Brazilian companies". *Brazilian Journal of Operations & Production Management*, vol. 19, n. 1, 2022, p. e20221248.

ANNAN-DIAB, F. & MOLINARI, C. "Interdisciplinarity: Practical approach to advancing education for sustainability and for the Sustainable Development Goals". *International Journal of Management Education*, vol. 15, n. 2, 2017, pp. 73-83.

ANNARELLI, A.; BATTISTELLA, C. & NONINO, F. "Competitive advantage implication of different Product Service System business models: Consequences of 'not-replicable' capabilities". *Journal of Cleaner Production*, vol. 247, 2020, p. 119121. Disponível em <https://doi.org/10.1016/j.jclepro.2019.119121>. Acesso em 21/9/2023.

ARMSTRONG, A. "Ethics and ESG". *Australasian Accounting, Business and Finance Journal*, vol. 14, n. 3, 1 jul. 2020, pp. 6-17. Disponível em <https://ro.uow.edu.au/aabfj/vol14/iss3/2/>. Acesso em 21/9/2023.

ASHRAFI, M. *et al.* "How corporate social responsibility can be integrated into corporate sustainability: A theoretical review of their relationships". *International Journal of Sustainable Development & World Ecology*, vol. 25, n. 8, 2018, pp. 672-682.

ASIF, M. *et al.* "An integrated management systems approach to corporate social responsibility". *Journal of Cleaner Production*, vol. 56, 2013, pp. 7-17.

BAILEY, R. G. "Identifying Ecoregion Boundaries". *Environmental Management*, vol. 34, n. S1, abr. 2004, pp. S14-S26.

BAINES, T. S. *et al.* "State-of-the-art in product-service systems". *Proceedings of the Institution of Mechanical Engineers, Part B: Journal of Engineering Manufacture*, vol. 221, n. 10, 2007, pp. 1.543-1.552.

BALLOU, R. H. *Gerenciamento da cadeia de suprimentos*. Porto Alegre, Bookman, 2016.

BARBANTI, A. M. *et al.* "Sustainable procurement practices in the supplier selection process: an exploratory study in the context of Brazilian manufacturing companies". *Corporate Governance: The International Journal of Business in Society*, vol. 22, n. 1, jan. 2022, pp. 114-127.

BARQUET, A. P. B. *et al.* "Employing the business model concept to support the adoption of product-service systems (PSS)". *Industrial Marketing Management*, vol. 42, n. 5, 2013, pp. 693-704. Disponível em <http://dx.doi.org/10.1016/j.indmarman.2013.05.003>. Acesso em 21/9/2023.

BAYUO, B. B.; CHAMINADE, C. & GÖRANSSON, B. "Unpacking the role of universities in the emergence, development and impact of social innovations – A systematic review of the literature". *Technological Forecasting and Social Change*, vol. 155, jun. 2020, p. 120030. Disponível em <https://linkinghub.elsevier.com/retrieve/pii/S0040162519318931>. Acesso em 21/9/2023.

BEILER, B. C. *et al.* "Reverse logistics system analysis of a Brazilian beverage company: An exploratory study". *Journal of Cleaner Production*, vol. 274, nov. 2020, p. 122624. Disponível em <https://linkinghub.elsevier.com/retrieve/pii/S0959652620326718>. Acesso em 21/9/2023.

BENEDICK, R. E. "Tomorrow's environment is global". *Futures*, vol. 31, n. 9-10, 1999, pp. 937-947.

BENEFIEL, M. "The second half of the journey: Spiritual leadership for organizational transformation". *The Leadership Quarterly*, vol. 16, n. 5, out. 2005, pp. 723-747. Disponível em <https://linkinghub.elsevier.com/retrieve/pii/S1048984305000731>. Acesso em 21/9/2023.

BENITES-LAZARO, L. L.; GREMAUD, P. A. & BENITES, L. A. "Business responsibility regarding climate change in Latin America: An empirical analysis from Clean Development Mechanism (CDM) project developers". *The Extractive Industries and Society*, vol. 5, n. 2, abr. 2018, pp. 297-306.

BENMIRA, S. & AGBOOLA, M. "Evolution of leadership theory". *BMJ Leader*, 8 jan. 2021, p. leader-2020-000296. Disponível em <https://bmjleader.bmj.com/lookup/doi/10.1136/leader-2020-000296>. Acesso em 21/9/2023.

BENNEWORTH, P. *et al. Characterising Modes of University Engagement with Wider Society, A Literature Review and Survey of Best Practice.*

Newcastle upon Tyne, 2009. Disponível em <https://strathprints.strath. ac.uk/48210/>. Acesso em 21/9/2023.

BENNEWORTH, P. & JONGBLOED, B. W. "Who matters to universities? A stakeholder perspective on humanities, arts and social sciences valorisation". *Higher Education*, vol. 59, n. 5, 31 maio 2010, pp. 567-588. Disponível em <http://link.springer.com/10.1007/s10734-009-9265-2>. Acesso em 21/9/2023.

BENNEWORTH, P.; PINHEIRO, R. & SÁNCHEZ-BARRIOLUENGO, M. "One size does not fit all! New perspectives on the university in the social knowledge economy". *Science and Public Policy*, 5 jun. 2016, p. scw018. Disponível em <https://academic.oup.com/spp/article-lookup/doi/10.1093/scipol/scw018>. Acesso em 21/9/2023.

BERTALANFFY, L. *Teoria geral dos sistemas: fundamentos, desenvolvimento e aplicações*. Rio de Janeiro, Vozes, 2015.

BEUREN, F. H.; GOMES FERREIRA, M. G. & CAUCHICK MIGUEL, P. A. "Product-service systems: A literature review on integrated products and services". *Journal of Cleaner Production*, vol. 47, 2013, pp. 222-231. Disponível em <http://dx.doi.org/10.1016/j.jclepro.2012.12.028>. Acesso em 21/9/2023.

BEVILACQUA, M.; CIARAPICA, F. E. & GIACCHETTA, G. *Design for Environment as a Tool for the Development of a Sustainable Supply Chain*. London, Springer London, 2012. Disponível em <http://link.springer.com/10.1007/978-1-4471-2461-0>. Acesso em 21/9/2023.

BIGLARI, S.; BEIGLARY, S. & ARTHANARI, T. "Achieving sustainable development goals: Fact or fiction?". *Journal of Cleaner Production*, jan. 2022, vol. 332, p. 130032. Disponível em <https://linkinghub.elsevier.com/retrieve/pii/S0959652621041998>. Acesso em 21/9/2023.

BLANCO-PORTELA, N. *et al.* "Towards the integration of sustainability in Higher Education Institutions: A review of drivers of and barriers to organizational change and their comparison against those found of companies". *Journal of Cleaner Production*, vol. 166, nov. 2017, pp. 563-578. Disponível em <https://linkinghub.elsevier.com/retrieve/pii/S095965261731644X>. Acesso em 21/9/2023.

BLUMENFELD, R. *How a 15,000-Year-Old Human Bone Could Help You Through the Coronacrisis*, 2020. Disponível em <https://www.forbes.com/sites/remyblumenfeld/2020/03/21/how-a-15000-year-old-human-bone-could-help-you-through-the--coronavirus/?sh=1d7d28d737e9>. Acesso em 21/9/2023.

BOEHM, M. & THOMAS, O. "Looking beyond the rim of one's teacup: A multidisciplinary literature review of Product-Service Systems in Information Systems, Business Management, and Engineering & Design". *Journal of Cleaner Production*, vol. 51, 2013, pp. 245-260. Disponível em <http://dx.doi.org/10.1016/j.jclepro.2013.01.019>. Acesso em 21/9/2023.

BOONS, F. & LÜDEKE-FREUND, F. "Business models for sustainable innovation: State-of-the-art and steps towards a research agenda". *Journal of Cleaner Production*, vol. 45, 2013, pp. 9-19. Disponível em <http://dx.doi.org/10.1016/j.jclepro.2012.07.007>. Acesso em 21/9/2023.

BORGES, M. L. et al. "Corporate Social Responsibility (CSR) practices developed by Brazilian companies: an exploratory study". *International Journal of Sustainable Development & World Ecology*, vol. 25, n. 6, ago. 2018, pp. 509-517.

BRASIL. *Constituição da República Federativa do Brasil*. Brasília, Senado Federal, 1988.

_____. *Resolução n. 7, de 18 de dezembro de 2018*. Brasília, 2018. Disponível em <http://portal.mec.gov.br/index.php?option=com docman&view=download& alias=104251-rces007-18&category_slug=dezembro-2018-pdf&Itemid=30192>. Acesso em 21/9/2023.

BROUWER, F. & BOER, P. *Auditing Instrument for Sustainability in Higher Education-AISHE*. Hobéon, Den Haag, 2013.

BRUNT, P. A. "Marcus Aurelius in his Meditations". *Journal of Roman Studies*, vol. 64, 24 nov. 1974, pp. 1-20. Disponível em <https://www.cambridge.org/core/product/identifier/S0075435800020074/type/journal_article>. Acesso em 21/9/2023.

BYRNE, D. & CALLAGHAN, G. *Complexity Theory and the Social Sciences: The state of the art*. New York, Routledge, 2014.

CAEIRO, S. et al. *Sustainability Assessment Tools in Higher Education Institutions: Mapping trends and good practices around the world.* [*S. l.*], Springer International Publishing, 2013.

CAMPOS, M. L.; MORAES, G. H. S. M. de & SPATTI, A. C. "Do University Ecosystems Impact Student's Entrepreneurial Behavior?". *BAR – Brazilian Administration Review*, vol. 18, n. 2, 2021. Disponível em <http://www.scielo.br/scielo.php?script=sci_arttext&pid=S1807-76922021000200304&tlng=en>. Acesso em 21/9/2023.

CAPRA, F. *A teia da vida: uma nova compreensão científica dos seres vivos*. Rio de Janeiro, Cultrix, 1997.

CARMICHAEL, D. G.; BALLOUZ, J. J. & BALATBAT, M. C. A. "Improving the attractiveness of CDM projects through allowing and incorporating options". *Energy Policy*, vol. 86, nov. 2015, pp. 784-791.

CARNEGIE FOUNDATION. *Elective Classification for Community Engagement: 2024 first time documentation guide to the application guide.* [*S. l.*], The Carnegie Foundation for the Advancement of Teaching, 2022.

CARSON, R. *Silent Spring*. Boston, Houghton Mifflin, 1962.

CASAREJOS, F.; FROTA, M. N. & GUSTAVSON, L. M. "Higher education institutions: a strategy towards sustainability". *International Journal of Sustainability in Higher Education*, vol. 18, n. 7, 6 nov. 2017, pp. 995-1.017. Disponível em <https://www.emerald.com/insight/content/doi/10.1108/IJSHE-08-2016-0159/full/html>. Acesso em 21/9/2023.

CASPER, R. & SUNDIN, E. *Reverse Logistic Transportation and Packaging Concepts in Automotive Remanufacturing*. Belgrade, [*s. n.*], 2018.

CASTELLS, M. *Sociedade em rede*. São Paulo, Paz e Terra, 1999.

CATULLI, M.; COOK, M. & POTTER, S. "Product Service Systems Users and Harley Davidson Riders: The Importance of Consumer Identity in the Diffusion of Sustainable Consumption Solutions". *Journal of Industrial Ecology*, vol. 21, n. 5, 2017, pp. 1.370-1.379.

CAZERI, G. T. et al. "An assessment of the integration between corporate social responsibility practices and management systems in Brazil aiming at sustainability in enterprises". *Journal of Cleaner Production*, vol. 182, maio 2018, pp. 746-754.

CAZERI, G. T. et al. "Gender Wage Gaps in Brazilian Companies Listed in the Ibovespa Index: A Critical Analysis". *Sustainability*, vol. 13, n. 12, jun. 2021, p. 6.571.

CERNEV, T. & FENNER, R. "The importance of achieving foundational Sustainable Development Goals in reducing global risk". *Futures*, vol. 115, jan. 2020, p. 102492. Disponível em <https://linkinghub.elsevier.com/retrieve/pii/S0016328719303544>. Acesso em 21/9/2023.

CHAPMAN, G. *As cinco linguagens da valorização pessoal no ambiente de trabalho*. São Paulo, Mundo Cristão, 2012.

CHIU, M. C. et al. "Developing a personalized recommendation system in a smart product service system based on unsupervised learning model". *Computers in Industry*, vol. 128, 2021, p. 103421. Disponível em <https://doi.org/10.1016/j.compind.2021.103421>. Acesso em 21/9/2023.

CHOPRA, D. & TANZI, R. E. *Supercérebro: como expandir o poder transformador da sua mente*. São Paulo, Alaúde, 2013.

CHURCHMAN, C. W. *Introdução à teoria dos sistemas*. Rio de Janeiro, Vozes, 2015.

CILLIERS, P. *Complexity and Postmodernism: Understanding Complex Systems*. London, Routledge, 2002. Disponível em <https://www.taylorfrancis.com/books/9781134743308>. Acesso em 21/9/2023.

CLARK, G. L.; FEINER, A. & VIEHS, M. "From the Stockholder to the Stakeholder: How Sustainability Can Drive Financial Outperformance". *SSRN Electronic Journal*, 2014. Disponível em <http://www.ssrn.com/abstract=2508281>. Acesso em 21/9/2023.

COALITION, S. Y. *Sustainable Campuses*, 2022. Disponível em <http://www.syc-cjs.org/sustainable-campuses/>. Acesso em 21/9/2023.

COASE, R. H. "The Nature of the Firm". *Economica*, vol. 4, n. 16, nov. 1937, pp. 386-405.

COELHO FILHO, O.; JUNIOR, N. L. S. & LUEDEMANN, G. *A avaliação de ciclo de vida como ferramenta para a formulação de políticas públicas no Brasil*, 2016. Disponível em <http://repositorio.ipea.gov.br/bitstream/11058/6685/1/td_2205.pdf>. Acesso em 21/9/2023.

COENEN, T. B. J. et al. "Ceima: A *framework* for identifying critical interfaces between the Circular Economy and stakeholders in the lifecycle of infrastructure assets". *Resources, Conservation and Recycling*, vol. 155, abr. 2020, p. 104552. Disponível em <https://linkinghub.elsevier.com/retrieve/pii/S0921344919304586>. Acesso em 21/9/2023.

COLE, L. *Assessing Sustainability on Canadian University Campuses: Development of Sustainability Assessment Framework*. Victoria, Canada, Royal Roads University, 2003.

COMISSÃO MUNDIAL SOBRE MEIO AMBIENTE E DESENVOLVIMENTO. *Nosso futuro comum*, 1988.

CORTESE, A. D. "The Critical Role of Higher Education in Creating a Sustainable Future". *Planning for Higher Education*, vol. 31, n. 3, 2003, pp. 15-22.

CORTIS, N.; FOLEY, M. & WILLIAMSON, S. "Change agents or defending the status quo? How senior leaders frame workplace gender equality". *Gender, Work & Organization*, vol. 29, n. 1, jan. 2022, pp. 205-221.

CORVELLEC, H. & STÅL, H. I. "Evidencing the waste effect of Product-Service Systems (PSSs)". *Journal of Cleaner Production*, vol. 145, 2017, pp. 14-24.

COULIBALY, S. K.; ERBAO, C. & MEKONGCHO, T. M. "Economic globalization, entrepreneurship, and development". *Technological Forecasting and Social Change*, vol. 127, fev. 2018, pp. 271-280. Disponível em <https://linkinghub.elsevier.com/retrieve/pii/S0040162516305996>. Acesso em 21/9/2023.

CRISTOFOLETTI, E. C. & SERAFIM, M. P. "Methodological and analytical dimensions of university extension". *Educação and Realidade*, vol. 45, n. 1, 2020, pp. 1-20.

CROWTHER, D.; SEIFI, S. & WOND, T. *Responsibility and Governance: The Twin Pillars of Sustainability*, 2019, pp. 1-13.

CSCMP. *Conselho de profissionais de gerenciamento da cadeia de suprimentos*, 2022. Disponível em <https://cscmp.org/CSCMP/Academia/SCM_Definitions_and_Glossary_of_Terms/CSCMP/Educate/SCM_

Definitions_and_Glossary_of_Terms.aspx?hkey=60879588-f65f-4ab5-8c4b-6878815ef921>. Acesso em 21/9/2023.

CUSUMANO, M. A.; KAHL, S. J. & SUAREZ, F. F. "The Effect of Firm Compensation Structures on the Mobility and Entrepreneurship of Extreme Performers". *Strategic Management Journal*, vol. 36, 2015, pp. 559-575.

D'AGOSTIN, A. *et al.* "Drivers and barriers for the adoption of use-oriented product-service systems: A study with young consumers in medium and small cities". *Sustainable Production and Consumption*, vol. 21, 1 jan. 2020, pp. 92-103.

DAHLSRUD, A. "How corporate social responsibility is defined: an analysis of 37 definitions". *Corporate Social Responsibility and Environmental Management*, vol. 15, n. 1, 2008, pp. 1-13.

DE HAAN, G. "The development of ESD-related competencies in supportive institutional frameworks". *International Review of Education*, vol. 56, n. 2, 2010, pp. 315-328.

DE IORIO, S.; ZAMPONE, G. & PICCOLO, A. "Determinant Factors of SDG Disclosure in the University Context". *Administrative Sciences*, vol. 12, n. 1, 2022.

DE OLIVEIRA CRUZ, L. M. *et al.* "Using coconut husks in a full-scale decentralized wastewater treatment system: The influence of an anaerobic filter on maintenance and operational conditions of a sand filter". *Ecological Engineering*, vol. 127, fev. 2019, pp. 454-459. Disponível em <https://linkinghub.elsevier.com/retrieve/pii/S0925857418304695>. Acesso em 21/9/2023.

DEL MONTE, A.; MOCCIA, S. & PENNACCHIO, L. "Regional entrepreneurship and innovation: historical roots and the impact on the growth of regions". *Small Business Economics*, vol. 58, n. 1, 4 jan. 2022, pp. 451-473. Disponível em <https://link.springer.com/10.1007/s11187-020-00425-w>. Acesso em 21/9/2023.

DELBECQ, A. L. "Christian spirituality and contemporary business leadership". *Journal of Organizational Change Management*, vol. 12, n. 4, 1 ago. 1999, pp. 345-354. Disponível em <https://www.emerald.com/insight/content/doi/10.1108/09534819910282180/full/html>. Acesso em 21/9/2023.

DEMIREL, P. *et al.* "Born to be green: new insights into the economics and management of green entrepreneurship". *Small Business Economics*, vol. 52, n. 4, 4 abr. 2019, pp. 759-771. Disponível em <http://link.springer.com/10.1007/s11187-017-9933-z>. Acesso em 21/9/2023.

DIAS, A. A. & PORTO, G. S. "Technology transfer management in the context of a developing country: evidence from Brazilian universities". *Knowledge Management Research & Practice*, vol. 16, n. 4, 2 out. 2018, pp. 525-536. Disponível em <https://www.tandfonline.com/doi/full/10.1080/14778238.2018.1514288>. Acesso em 21/9/2023.

DÍAZ-GARCÍA, C.; GONZÁLEZ-MORENO, Á. & SÁEZ-MARTÍNEZ, F. J. "Eco-innovation: insights from a literature review". *Innovation*, vol. 17, n. 1, 2 jan. 2015, pp. 6-23. Disponível em <https://www.tandfonline.com/doi/full/10.1080/14479338.2015.1011060>. Acesso em 21/9/2023.

DIMAGGIO, P. J. & POWELL, W. W. "The Iron Cage Revisited: Institutional Isomorphism and Collective Rationality in Organizational Fields". *American Sociological Review*, vol. 48, n. 2, abr. 1983, p. 147.

DRIES, N. & PEPERMANS, R. "How to identify leadership potential: Development and testing of a consensus model". *Human Resource Management*, vol. 51, n. 3, maio 2012, pp. 361-385. Disponível em <https://onlinelibrary.wiley.com/doi/10.1002/hrm.21473>. Acesso em 21/9/2023.

DZIMIŃSKA, M.; FIJAŁKOWSKA, J. & SUŁKOWSKI, Ł. "A Conceptual Model Proposal: Universities as Culture Change Agents for Sustainable Development". *Sustainability*, vol. 12, n. 11, fev. 2020, p. 4.635.

EISENHARDT, K. M. "Building theories from case study research". *Academy of Management Review*, vol. 14, n. 4, 1989, pp. 37-51.

ELKINGTON, J. *Cannibals with forks – Triple bottom line of 21st century business*. Stoney Creek, New Society Publisher, 1997.

____. "Partnerships from cannibals with forks: The triple bottom line of 21st-century business". *Environmental Quality Management*, vol. 8, 1998, pp. 37-51.

____. "Cannibals with forks: The triple bottom line of 21st century business". *Choice Reviews Online*, vol. 36, n. 7, 2013, pp. 36-3997-36-3997.

ELLEN MACARTHUR FOUNDATION. *Towards the Circular Economy: Economic and business rationale for an accelerated transition*, 2015. Disponível em <https://emf.thirdlight.com/link/ip2fh05h21it-6nvypm/@/preview/1?o>. Acesso em 21/9/2023.

ENAP. *Plano de gerenciamento de resíduos sólidos*, 2017. Disponível em <https://repositorio.enap.gov.br/bitstream/1/4923/1/PGRS_ENAP_R2.pdf>. Acesso em 21/9/2023.

ENGLER, J.-O.; ABSON, D. J. & VON WEHRDEN, H. "The coronavirus pandemic as an analogy for future sustainability challenges". *Sustainability Science*, vol. 16, n. 1, 13 jan. 2021, pp. 317-319. Disponível em <https://link.springer.com/10.1007/s11625-020-00852-4>. Acesso em 21/9/2023.

ESPOSITO, M.; TSE, T. & SOUFANI, K. "Reverse logistics for postal services within a circular economy". *Thunderbird International Business Review*, vol. 60, n. 5, set. 2018, pp. 741-745. Disponível em <https://onlinelibrary.wiley.com/doi/10.1002/tie.21904>. Acesso em 21/9/2023.

EUN, J.-H.; LEE, K. & WU, G. "Explaining the 'University-run enterprises' in China: A theoretical framework for university-industry relationship in developing countries and its application to China". *Research Policy*, vol. 35, n. 9, nov. 2006, pp. 1.329-1.346. Disponível em <https://linkinghub.elsevier.com/retrieve/pii/S0048733306001193>. Acesso em 21/9/2023.

EUROPEAN COMMISSION. *From Niche to Norm: Suggestions by the group of experts on a systemic approach to eco-innovation to achieve a low-carbon, circular economy*, 2015.

_____. *Digital Education Action Plan. Education and Training*, 2020. Disponível em <https://ec.europa.eu/education/education-in-the-eu/digital-education-action-plan_en>. Acesso em 21/9/2023.

FAIRHOLM, G. W. "Spiritual leadership: fulfilling whole-self needs at work". *Leadership & Organization Development Journal*, vol. 17, n. 5, 1 set. 1996, pp. 11-17. Disponível em <https://www.emerald.com/insight/content/doi/10.1108/01437739610127469/full/html>. Acesso em 21/9/2023.

FARNELL, T. *et al. TEFCE Toolbox for Community Engagement in Higher Education: An Institutional Self-Reflection Framework.* Zagreb, 2020.

FAROOQUE, M. *et al.* "Circular supply chain management: A definition and structured literature review". *Journal of Cleaner Production*, vol. 228, ago. 2019, pp. 882-900. Disponível em <https://linkinghub.elsevier.com/retrieve/pii/S0959652619314003>. Acesso em 21/9/2023.

FENG, D. *et al.* "Conceptual solution decision based on rough sets and shapley value for product-service system: Customer value-economic objective trade-off perspective". *Applied Sciences (Switzerland)*, vol. 11, n. 22, 2021.

FERREIRA JUNIOR, R.; SCUR, G. & NUNES, B. "Preparing for smart product-service system (PSS) implementation: an investigation into the Daimler group". *Production Planning and Control*, vol. 33, n. 1, 2022, pp. 56-70. Disponível em <https://doi.org/10.1080/09537287.2020.1821402>. Acesso em 21/9/2023.

FERRER-BALAS, D.; BUCKLAND, H. & DE MINGO, M. "Explorations on the University's role in society for sustainable development through a systems transition approach. Case-study of the Technical University of Catalonia (UPC)". *Journal of Cleaner Production*, vol. 17, n. 12, ago. 2009, pp. 1.075-1.085. Disponível em <https://linkinghub.elsevier.com/retrieve/pii/S0959652608002849>. Acesso em 21/9/2023.

FEUERSTEIN, G. *Enciclopédia de yoga do pensamento.* São Paulo, 2006.

FINDLER, F. *et al.* "Assessing the Impacts of Higher Education Institutions on Sustainable Development — An Analysis of Tools and Indicators". *Sustainability*, vol. 11, n. 1, 22 dez. 2018, p. 59. Disponível em <http://www.mdpi.com/2071-1050/11/1/59>. Acesso em 21/9/2023.

FISCHER, B.; BAIONA-ALSINA, A. *et al.* "Ecosystems of Green Entrepreneurship in Perspective: Evidence from Brazil". *International Journal of Technological Learning, Innovation and Development*, vol. 14, n. 1/2, 2022, p. 1. Disponível em <http://www.inderscience.com/link.php?id=10045188>. Acesso em 21/9/2023.

FISCHER, B.; MEISSNER, D. *et al.* "Spatial features of entrepreneurial ecosystems". *Journal of Business Research*, vol. 147, ago. 2022, pp. 27-36.

FISCHER, B.; QUEIROZ, S. & VONORTAS, N. S. "On the location of knowledge-intensive entrepreneurship in developing countries: lessons from São Paulo, Brazil". *Entrepreneurship & Regional Development*, vol. 30, n. 5-6, 27 maio 2018, pp. 612-638. Disponível em <https://www.tandfonline.com/doi/full/10.1080/08985626.2018.1438523>. Acesso em 21/9/2023.

FISCHER, B.; SCHAEFFER, P. R. & VONORTAS, N. S. "Evolution of university-industry collaboration in Brazil from a technology upgrading perspective". *Technological Forecasting and Social Change*, vol. 145, ago. 2019, pp. 330-340. Disponível em <https://linkinghub.elsevier.com/retrieve/pii/S0040162517312751>. Acesso em 21/9/2023.

FISCHER, D.; JENSSEN, S. & TAPPESER, V. "Getting an empirical hold of the sustainable university: a comparative analysis of evaluation frameworks across 12 contemporary sustainability assessment tools". *Assessment & Evaluation in Higher Education*, vol. 40, n. 6, 18 ago. 2015, pp. 785-800. Disponível em <http://www.tandfonline.com/doi/full/10.1080/02602938.2015.1043234>. Acesso em 21/9/2023.

FITCH-ROY, O.; BENSON, D. & MONCIARDINI, D. "All around the world: Assessing optimality in comparative circular economy policy packages". *Journal of Cleaner Production*, vol. 286, mar. 2021, p. 125493. Disponível em <https://linkinghub.elsevier.com/retrieve/pii/S0959652620355396>. Acesso em 21/9/2023.

FORAY, D. & GRÜBLER, A. "Technology and the environment: An overview". *Technological Forecasting and Social Change*, vol. 53, n. 1, 1 set. 1996, pp. 3-13.

FORPROEX. "Política Nacional de Extensão Universitária". *Fórum de pró-reitores de extensão das universidades públicas brasileiras*, 2012, p. 68.

FOUCAULT, M. *The Care of the Self.* New York, Pantheon Books, 1986.

FOUNDATION, W. K. K. *Logic Model Development Guide*, 2004. Disponível em <www.wkkf.org>. Acesso em 21/9/2023.

FRANK, V. E. *Lo que no está escrito en mis libros: Memórias.* São Paulo, 2003.

FRANK, V. E. *Um sentido para a vida: psicoterapia e humanismo*. São Paulo, Ideias & Letras, 2005.

____. *Em busca de sentido: um psicólogo no campo de concentração*. Rio de Janeiro, Vozes, 2010.

FRANKLIN, W. E. "The extended enterprise: Life cycle cost management of environmental, health, safety and recycling/end of life as a business decision process". *Total Life Cycle Conference and Exposition*, 1998.

FRANSEN, L. "Beyond Regulatory Governance? On the Evolutionary Trajectory of Transnational Private Sustainability Governance". *Ecological Economics*, vol. 146, abr. 2018, pp. 772–777.

FREEMAN, C. "The greening of technology and models of innovation". *Technological Forecasting and Social Change*, vol. 53, 1996, pp. 27-39.

FRY, L. W. "Toward a theory of spiritual leadership". *The Leadership Quarterly*, vol. 14, n. 6, dez. 2003, pp. 693-727. Disponível em <https://linkinghub.elsevier.com/retrieve/pii/S1048984303000547>. Acesso em 21/9/2023.

FRY, L. W.; VITUCCI, S. & CEDILLO, M. "Spiritual leadership and army transformation: Theory, measurement, and establishing a baseline". *The Leadership Quarterly*, vol. 16, n. 5, out. 2005, pp. 835-862. Disponível em <https://linkinghub.elsevier.com/retrieve/pii/S1048984305000779>. Acesso em 21/9/2023.

FUSSLER, C. & JAMES, P. *Driving Eco-Innovation*. Washington, Pitman Publishing Inc., 1996.

GANEM, A. "Economia e filosofia: tensão e solução na obra de Adam Smith". *Brazilian Journal of Political Economy*, vol. 22, n. 4, dez. 2002, pp. 670-684. Disponível em <http://www.scielo.br/scielo.php?script=sci_arttext&pid=S0101-31572002000400670&tlng=pt>. Acesso em 21/9/2023.

GASBARRO, F.; RIZZI, F. & FREY, M. "Sustainable institutional entrepreneurship in practice". *International Journal of Entrepreneurial Behavior & Research*, vol. 24, n. 2, 19 mar. 2018, pp. 476-498. Disponível em <https://www.emerald.com/insight/content/doi/10.1108/IJEBR-11-2015-0259/full/html>. Acesso em 21/9/2023.

GAST, J.; GUNDOLF, K. & CESINGER, B. "Doing business in a green way: A systematic review of the ecological sustainability entrepreneurship literature and future research directions". *Journal of Cleaner Production*, vol. 147, mar. 2017, pp. 44-56. Disponível em <https://linkinghub.elsevier.com/retrieve/pii/S0959652617300720>. Acesso em 21/9/2023.

GEORGE, D. A. R.; LIN, B. C. & CHEN, Y. "A circular economy model of economic growth". *Environmental Modelling & Software*, vol. 73, nov. 2015, pp. 60-63. Disponível em <https://linkinghub.elsevier.com/retrieve/pii/S1364815215300050>. Acesso em 21/9/2023.

GOLDIN, C. & KATZ, L. F. "The Race between Education and Technology". *Inequality in the 21st Century*. London, Routledge, 2018.

GOLEMAN, D. *Inteligência emocional*. Rio de Janeiro, Objetiva, 2011.

GOLEMAN, D.; BOYATZIS, R. E. & MCKEE, A. "Primal Leadership: The Hidden Driver of Great Performance". *Harvard Business Review*, vol. 79, n. 11, 2001, pp. 42-51.

GÓMEZ, F. U. *et al.* "Adaptable model for assessing sustainability in higher education". *Journal of Cleaner Production*, vol. 107, fev. 2015, pp. 475-485.

GRAFSTRÖM, J. & AASMA, S. "Breaking circular economy barriers". *Journal of Cleaner Production*, vol. 292, abr. 2021, p. 126002. Disponível em <https://linkinghub.elsevier.com/retrieve/pii/S0959652621002225>. Acesso em 21/9/2023.

GRANOVETTER, M. "Economic Action and Social Structure: The Problem of Embeddedness". *American Journal of Sociology*, vol. 91, n. 3, 1985, pp. 481-510.

GREENMETRIC, UI. *UI GreenMetric*, 2022. Disponível em <https://greenmetric.ui.ac.id/publications/guidelines/2018/portugese>. Acesso em 21/9/2023.

GRESHKO, M. *O universo está expandindo mais rápido do que previsto*. Disponível em <https://www.nationalgeographicbrasil.com/ciencia/2022/01/o-universo-esta-expandindo-mais-rapido-do-que-previsto>. Acesso em 21/9/2023.

GRI. *Global Reporting Initiatives Standards*. GRI, 2018. Disponível em <https://www.globalreporting.org/standards/>. Acesso em 21/9/2023.

GRIGGS, D. J. et al. *A guide to SDG interactions: from science to implementation*. Paris, [*s. n.*], 2017.

GUERRERO, M. & URBANO, D. "The development of an entrepreneurial university". *The Journal of Technology Transfer*, vol. 37, n. 1, 27 fev. 2012, pp. 43-74. Disponível em <http://link.springer.com/10.1007/s10961-010-9171-x>. Acesso em 21/9/2023.

____. "A research agenda for entrepreneurship and innovation: the role of entrepreneurial universities". *In:* AUDRETSCH, D.; LEHMANN, E. & LINK, A. (org.). *A Research Agenda for Entrepreneurship and Innovation*. Cheltenham, Edward Elgar, 2019, pp. 107-133.

GUERRERO, M.; URBANO, D. & CUNNINGHAM, J. A. "Economic impact of entrepreneurial universities' activities: An exploratory study of the United Kingdom". *Research Policy*, vol. 44, n. 3, abr. 2015, pp. 748-764. Disponível em <https://linkinghub.elsevier.com/retrieve/pii/S0048733314001838>. Acesso em 21/9/2023.

GUERRERO, M.; URBANO, D. & GAJÓN, E. "The internal pathways that condition university entrepreneurship in Latin America: an institutional approach". *In:* HOSKINSON, S. & KURATKO, D. (org.). *Innovative Pathways for University Entrepreneurship in the 21st Century (Advances in the Study of Entrepreneurship, Innovation and EconomicGrowth)*. Bengley, Emerald Group Publishing, 2014.

GUIDAT, T. et al. "Guidelines for the definition of innovative industrial product-service systems (PSS) business models for remanufacturing". *Procedia CIRP*, vol. 16, 2014, pp. 193-198. Disponível em <http://dx.doi.org/10.1016/j.procir.2014.01.023>. Acesso em 21/9/2023.

GUITIÁN, G. "Conciliating Work and Family: A Catholic Social Teaching Perspective". *Journal of Business Ethics*, vol. 88, n. 3, set. 2009, pp. 513-524.

HABER, N. & FARGNOLI, M. "Sustainable product-service systems customization: A case study research in the medical equipment sector". *Sustainability (Switzerland)*, vol. 13, n. 12, 2021.

HADOT, P. *Philosophy as a Way of Life: Spiritual Exercises from Socrates to Foucault.* New York, Blackwell Publishers, 1995.

HALME, M. *et al.* "Business models for material efficiency services: Conceptualization and application". *Ecological Economics*, vol. 63, n. 1, 2007, pp. 126-137.

HARDIN, G. "The Tragedy of the Commons". *Science*, vol. 162, n. 3.859, 1968, pp. 1.243-1.248.

HAYASHI JR., P. "Múltiplas contingências e o processo de adaptação estratégica". *Rebrae*, vol. 2, n. 1, 18 jul. 2009, p. 75. Disponível em <https://periodicos.pucpr.br/index.php/REBRAE/article/view/13433>. Acesso em 21/9/2023.

_____. "Tattvabodha and the hierarchical necessity of Abraham Maslow". *Journal of Management, Spirituality & Religion*, vol. 13, n. 2, 2 abr. 2016, pp. 82-93. Disponível em <https://www.ingentaconnect.com/content/10.1080/14766086.2015.1076735>. Acesso em 21/9/2023.

HEENETIGALA, K. *et al. Investigation of Criteria Used for Assurance Practices of Sustainability Reporting in Australian Listed Companies.* Victoria University, Melbourne Australia, 2016.

HENDERSON, B. D. "The origins of strategy". *Harvard Business Review*, vol. 67, n. 6, 1989, pp. 139-143.

HERRERA, A. O. *et al. Catastrophe or New Society? A Latin American world model.* Ottawa, IDRC, 1976.

HERTZFELD, H. R.; LINK, A. N. & VONORTAS, N. S. "Intellectual property protection mechanisms in research partnerships". *Research Policy*, vol. 35, n. 6, jul. 2006, pp. 825-838. Disponível em <https://linkinghub.elsevier.com/retrieve/pii/S0048733306000667>. Acesso em 21/9/2023.

HORNE, J. *et al.* "Exploring entrepreneurship related to the sustainable development goals – mapping new venture activities with semi-automated content analysis". *Journal of Cleaner Production*, vol. 242, jan. 2020, p. 118052. Disponível em <https://linkinghub.elsevier.com/retrieve/pii/S0959652619329221>. Acesso em 21/9/2023.

HU, M. & LOH, L. "Board Governance and Sustainability Disclosure: A Cross-Sectional Study of Singapore-Listed Companies". *Sustainability*, vol. 10, n. 7, jul. 2018, p. 2.578.

HULTMAN, N. E. *et al.* "Carbon market risks and rewards: Firm perceptions of CDM investment decisions in Brazil and India". *Energy Policy*, ago. 2010.

HUNKELER, D. *et al. Life-cycle Management. Society of Environmental Toxicology and Chemistry*. Pensacola, [*s. n.*], 2004. Disponível em <https://www.setac.org/page/sciencelca>. Acesso em 21/9/2023.

IBGC. *Código das melhores práticas de governança corporativa*. IBGC, São Paulo, 2015.

INTERNATIONAL INTEGRATED REPORTING COUNCIL. *A estrutura internacional para relato integrado*. London, IFRS Foundation, 2013.

ISO. *ISO Survey 2020*. Geneva, International Organization for Standardization, 2020.

JAHODA, G. "Theodor Lipps and the shift from 'Sympathy' to 'Empathy'". *Journal of the History of the Behavioral Sciences*, vol. 2, 2005, pp. 151-163.

JENSEN, M. C. & MECKLING, W. H. "Theory of the firm: Managerial behavior, agency costs and ownership structure". *Journal of Financial Economics*, vol. 3, n. 4, out. 1976, pp. 305-360.

JESUS PACHECO, D. A. *et al.* "Overcoming barriers towards Sustainable Product-Service Systems in Small and Medium-sized enterprises: State of the art and a novel Decision Matrix". *Journal of Cleaner Production*, vol. 222, 2019, pp. 903-921. Disponível em <https://doi.org/10.1016/j.jclepro.2019.01.152>. Acesso em 21/9/2023.

JOHNSON, E. & PLEPYS, A. "Product-service systems and sustainability: Analysing the environmental impacts of rental clothing". *Sustainability (Switzerland)*, vol. 13, n. 4, 2021, pp. 1-30.

KASHYAP, V. & ARORA, R. "Decent work and work–family enrichment: role of meaning at work and work engagement". *International Journal of Productivity and Performance Management*, vol. 71, n. 1, jan. 2022, pp. 316-336.

KATSALIAKI, K. & MUSTAFEE, N. "Edutainment for Sustainable Development: A Survey of Games in the Field". *Simulation and Gaming*, vol. 46, n. 6, 2015, pp. 647-672.

KEMP, R. & PEARSON, P. *Final report of the MEI project measuring eco innovation*, 2007.

KEMP, R. & SOETE, L. "The greening of technological progress: An evolutionary perspective". *Futures*, vol. 24, n. 5, 1 jun. 1992, pp. 437-457.

KHITOUS, F.; URBINATI, A. & VERLEYE, K. "Product-Service Systems: A customer engagement perspective in the fashion industry". *Journal of Cleaner Production*, vol. 336, 15 fev. 2022, p. 130394. Disponível em <https://doi.org/10.1016/j.jclepro.2022.130394>. Acesso em 21/9/2023.

KHRUSHCH, S. & OSTROVSKA, V. "Methods of Exposure Informatively Psychological Influences in Social Networks". *Digital Platform: Information Technologies in Sociocultural Sphere*, vol. 2, n. 1, 26 jun. 2019, pp. 60-74. Disponível em <http://infotech-soccult.knukim.edu.ua/article/view/175655>. Acesso em 21/9/2023.

KIM, K. O. & HWANG, H. "Consumer acceptance of product-service systems as alternative satisfiers of consumer needs for sustainable development". *Sustainable Development*, vol. 29, n. 5, 26 jun. 2019, pp. 847-859.

KIRCHHERR, J.; REIKE, D. & HEKKERT, M. "Conceptualizing the circular economy: An analysis of 114 definitions". *Resources, Conservation and Recycling*, vol. 127, dez. 2017, pp. 221-232. Disponível em <https://linkinghub.elsevier.com/retrieve/pii/S0921344917302835>. Acesso em 21/9/2023.

KISS, B.; DINATO, R. & FERNANDES, M. *Experiências e reflexões sobre a gestão do ciclo de vida de produtos nas empresas brasileiras: ciclos 2015 e 2016*. São Paulo, 2017.

KOBAYASHI, H.; MURATA, H. & FUKUSHIGE, S. "Connected lifecycle systems: A new perspective on industrial symbiosis". *Procedia CIRP*, vol. 90, 2020, pp. 388-392. Disponível em <https://linkinghub.elsevier.com/retrieve/pii/S221282712030278X>. Acesso em 21/9/2023.

KOFOS, A. *et al.* "Circular economy visibility evaluation framework". *Journal of Responsible Technology*, vol. 10, jul. 2022, p. 100026. Disponível em <https://linkinghub.elsevier.com/retrieve/pii/S2666659622000038>. Acesso em 21/9/2023.

KRISTON, A.; SZABÓ, T. & INZELT, G. "The marriage of car sharing and hydrogen economy: A possible solution to the main problems of urban living". *International Journal of Hydrogen Energy*, vol. 35, n. 23, 2010, pp. 12.697-12.708.

KROLL, C.; WARCHOLD, A. & PRADHAN, P. "Sustainable Development Goals (SDGs): Are we successful in turning *trade-offs* into synergies?". *Palgrave Communications*, vol. 5, n. 1, 12 dez. 2019, p. 140. Disponível em <http://www.nature.com/articles/s41599-019-0335-5>. Acesso em 21/9/2023.

LABBATE, R. *et al.* "Business models towards SDGs: the barriers for operationalizing Product-Service System (PSS) in Brazil". *International Journal of Sustainable Development and World Ecology*, vol. 28, n. 4, 2021, pp. 350-359. Disponível em <https://doi.org/10.1080/13504509.2020.1823517>. Acesso em 21/9/2023.

LANZILOTTI, C. O. *et al.* "Embedding Product-Service System of Cutting Tools into the Machining Process: An Eco-Efficiency Approach toward Sustainable Development". *Sustainability (Switzerland)*, vol. 14, n. 3, 2022.

LAPINSKAITĖ, I. & VIDŽIŪNAITĖ, S. "Assessment of the Sustainable Economic Development Goal 8: Decent Work and Economic Growth in G20 Countries". *Economics and Culture*, vol. 17, n. 1, jun. 2020, pp. 116-125.

LEAL FILHO, W. *et al.* "Reinvigorating the sustainable development research agenda: the role of the sustainable development goals (SDG)". *International Journal of Sustainable Development & World Ecology*, vol. 25, n. 2, 17 fev. 2018, pp. 131-142. Disponível em <https://www.tandfonline.com/doi/full/10.1080/13504509.2017.1342103>. Acesso em 21/9/2023.

_____. "Sustainable Development Goals and sustainability teaching at universities: Falling behind or getting ahead of the pack?". *Journal of Cleaner Production*, vol. 232, 20 set. 2019, pp. 285-294.

_____. "A framework for the implementation of the Sustainable Development Goals in university programmes". *Journal of Cleaner Production*, vol. 299, maio 2021, p. 126915. Disponível em <https://linkinghub.elsevier.com/retrieve/pii/S0959652621011343>. Acesso em 21/9/2023.

LEE, S. *et al.* "Dynamic and multidimensional measurement of product-service system (PSS) sustainability: A triple bottom line (TBL)-based system dynamics approach". *Journal of Cleaner Production*, vol. 32, 2012, pp. 173-182. Disponível em <http://dx.doi.org/10.1016/j.jclepro.2012.03.032>. Acesso em 21/9/2023.

LEITE, P. R. *Logística reversa*. São Paulo, Saraiva, 2017.

LEVIN, K. *et al*. "Overcoming the tragedy of super wicked problems: constraining our future selves to ameliorate global climate change". *Policy Sciences*, vol. 45, n. 2, 23 jun. 2012, pp. 123-152. Disponível em <http://link.springer.com/10.1007/s11077-012-9151-0>. Acesso em 21/9/2023.

LEVIN, S. A. "The Problem of Pattern and Scale in Ecology: The Robert H. MacArthur Award Lecture". *Ecology*, vol. 73, n. 6, dez. 1992, pp. 1.943-1.967.

LEWIN, K. *Field Theory in Social Science*. New York, Harper and Row, 1951.

LI, D. *et al*. "Achieving sustainability in sharing-based product service system: A contingency perspective". *Journal of Cleaner Production*, vol. 332, 15 jan. 2022, p. 129997. Disponível em <https://doi.org/10.1016/j.jclepro.2021.129997>. Acesso em 21/9/2023.

LOZANO, R. "Incorporation and institutionalization of SD into universities: breaking through barriers to change". *Journal of Cleaner Production*, vol. 14, n. 9-11, jan. 2006, pp. 787-796. Disponível em <https://linkinghub.elsevier.com/retrieve/pii/S0959652606000175>. Acesso em 21/9/2023.

LOZANO, R. & YOUNG, W. "Assessing sustainability in university curricula: exploring the influence of student numbers and course credits". *Journal of Cleaner Production*, vol. 49, 1 jun. 2013, pp. 134-141.

LUKAS, E. *Logoterapia: a força desafiadora do espírito*. São Paulo, Loyola, 1989.

MACÍAS, A. C. *et al*. "Argumentación del tutor de educación superior sobre su práctica y experiencia en el contexto del trabajo colaborativo". *Ciaiq 2017*, vol. 1, 2017, pp. 791-799.

MAES, M. J. A. *et al*. "Mapping synergies and *trade-offs* between urban ecosystems and the sustainable development goals". *Environmental Science & Policy*, vol. 93, mar. 2019, pp. 181-188. Disponível em <https://linkinghub.elsevier.com/retrieve/pii/S1462901118305197>. Acesso em 21/9/2023.

MAINALI, B. *et al.* "Evaluating Synergies and *Trade-offs* among Sustainable Development Goals (SDGs): Explorative Analyses of Development Paths in South Asia and Sub-Saharan Africa". *Sustainability*, vol. 10, n. 3, 14 mar. 2018, p. 815. Disponível em <http://www.mdpi.com/2071-1050/10/3/815>. Acesso em 21/9/2023.

MARÍN GARCÍA, J. A.; MAHEUT, J. & GARCIA-SABATER, J. J. *Analisis del grado de consistencia entre diferentes modos de evaluar las competencias transversales de creatividad, pensamiento crítico, liderazgo y trabajo en equipo/red*, 2017.

MARTIN, M.; HEISKA, M. & BJÖRKLUND, A. "Environmental assessment of a product-service system for renting electric-powered tools". *Journal of Cleaner Production*, vol. 281, 2021.

MARTINS, V. W. B. *et al.* "Contributions from the Brazilian industrial sector to sustainable development". *Journal of Cleaner Production*, vol. 272, nov. 2020, p. 122762.

MATSUTANI, L. *et al.* "Critical analysis of corporate social responsibility projects developed by Brazilian companies: Providing new insights for debates". *Cleaner Engineering and Technology*, vol. 7, abr. 2022, p. 100412.

MATURANA, H. R. & VARELA, F. J. *Cognição, ciência e vida cotidiana*. Belo Horizonte, Editora UFMG, 2001.

MEADOWS, D. *et al. The Limits to Growth – a Report for the Club of Rome's Project on the Predicament of Mankind*. New York, Universe Books, 1972.

METZ, B. "The legacy of the Kyoto Protocol: a view from the policy world". *WIREs Climate Change*, vol. 4, n. 3, maio 2013, pp. 151-158.

MIGUEL, N. P.; LAGE, J. C. & GALINDEZ, A. M. "Assessment of the development of professional skills in university students: Sustainability and serious games". *Sustainability (Switzerland)*, vol. 12, n. 3, 2020.

MILANI FILHO, M. A. F. "Responsabilidade social e investimento social privado: entre o discurso e a evidenciação". *Revista Contabilidade & Finanças*, vol. 19, n. 47, ago. 2008, pp. 89-101.

MIOTTO, G.; BLANCO-GONZÁLEZ, A. & DÍEZ-MARTÍN, F. "Top business schools legitimacy quest through the Sustainable Development

Goals". *Heliyon*, vol. 6, n. 11, nov. 2020, p. e05395. Disponível em <https://linkinghub.elsevier.com/retrieve/pii/S2405844020322386>. Acesso em 21/9/2023.

MITCHELL, M. *Complexity: A Guided Tour*. Oxford, Oxford University Press, 2009.

MONT, O. "Clarifying the concept of product-service system". *Journal of Cleaner Production*, vol. 10, 2002, pp. 237-245.

MONT, O.; DALHAMMAR, C. & JACOBSSON, N. "A new business model for baby prams based on leasing and product remanufacturing". *Journal of Cleaner Production*, vol. 14, n. 17, 2006, pp. 1.509-1.518.

MONTINI, M. *Developing CDM Projects in the Western Balkans Legal and Technical Issues Compared*. [*S. l.*], Springer Science + Business Media, 2010.

MORAVCIKOVA, K.; STEFANIKOVA, Ľ. & RYPAKOVA, M. "CSR Reporting as an Important Tool of CSR Communication". *Procedia Economics and Finance*, vol. 26, 2015, pp. 332-338.

MORELLI, N. "Product-service systems, a perspective shift for designers: A case study – The design of a telecentre". *Design Studies*, vol. 24, n. 1, 2003, pp. 73-99.

MORIN, E. "From the concept of system to the paradigm of complexity". *Journal of Social and Evolutionary Systems*, vol. 15, n. 4, jan. 1992, pp. 371-385. Disponível em <https://linkinghub.elsevier.com/retrieve/pii/1061736192900248>. Acesso em 21/9/2023.

____. *Ciência com consciência*. 14. ed. Rio de Janeiro, Bertrand Brasil, 2010.

____. *Introdução ao pensamento complexo*. 5. ed. Porto Alegre, Sulina, 2015.

____. *O método 1: a natureza da natureza*. Porto Alegre, Sulina, 2016.

MORIN, E. & LE MOIGNE, J.-L. *The Intelligence of Complexity*. Rio de Janeiro, Fundação Peirópolis, 2000.

MUMFORD, E. "The Origins of Leadership". *American Journal of Sociology*, vol. 12, n. 2, set. 1906, pp. 216-240. Disponível em <https://www.journals.uchicago.edu/doi/10.1086/211485>. Acesso em 21/9/2023.

NASCIMENTO, L. F.; LEMOS, A. D. C. & MELLO, M. C. A. *Gestão socioambiental estratégica*. Rio de Janeiro, Bookman, 2008.

NEELY, A. "Exploring the financial consequences of the servitization of manufacturing". *Operations Management Research*, vol. 1, n. 2, 2008, pp. 103-118.

NÖLTING, B. *et al.* "Transfer for Sustainable Development at Higher Education Institutions – Untapped Potential for Education for Sustainable Development and for Societal Transformation". *Sustainability*, vol. 12, n. 7, 7 abr. 2020, p. 2.925. Disponível em <https://www.mdpi.com/2071-1050/12/7/2925>. Acesso em 21/9/2023.

OECD. *Oslo Manual: Guidelines for collecting and interpreting innovation data*. Paris, OECD, 2005.

____. *Eco-Innovation in Industry: Enabling green growth*. Paris, OECD, 2009.

OLIVEIRA, O. J. D. & SERRA, J. R. "Benefícios e dificuldades da gestão ambiental com base na ISO 14001 em empresas industriais de São Paulo". *Production*, vol. 20, n. 3, mar. 2010, pp. 429-438.

ONU. *United Nations Conference on Environment & Development*. Disponível em <https://www.un.org/en/conferences/environment/rio1992>. Acesso em 21/9/2023.

ORGAN, D. W. "Leadership: The great man theory revisited". *Business Horizons*, vol. 39, n. 3, maio 1996, pp. 1-4. Disponível em <https://linkinghub.elsevier.com/retrieve/pii/S0007681396900014>. Acesso em 21/9/2023.

OSTROM, E. "A diagnostic approach for going beyond panaceas". *Proceedings of the National Academy of Sciences*, vol. 104, n. 39, set. 2007, pp. 15.181-151.87.

OZKAN-OZEN, Y. D.; KAZANCOGLU, Y. & KUMAR MANGLA, S. "Synchronized bbarriers for circular supply chain in industry 3.5/industry 4.0 transition for sustainable resource management". *Resources, Conservation and Recycling*, vol. 161, out. 2020, p. 104986. Disponível em <https://linkinghub.elsevier.com/retrieve/pii/S0921344920303037>. Acesso em 21/9/2023.

PAHL-WOSTL, C. *et al.* "Managing change toward adaptive water management through social learning". *Ecology and Society*, vol. 12, n. 2, 2007.

PARENT, J.; CUCUZZELLA, C. & REVÉRET, J.-P. "Revisiting the role of LCA and SLCA in the transition towards sustainable production and consumption". *The International Journal of Life Cycle Assessment*, vol. 18, n. 9, 9 nov. 2013, pp. 1.642-1.652. Disponível em <http://link.springer.com/10.1007/s11367-012-0485-9>. Acesso em 21/9/2023.

PATWA, N. *et al.* "Towards a circular economy: An emerging economies context". *Journal of Business Research*, vol. 122, jan. 2021, pp. 725--735. Disponível em <https://linkinghub.elsevier.com/retrieve/pii/S0148296320303088>. Acesso em 21/9/2023.

PEDERNEIRAS, Y. M. *et al.* "The wicked problem of sustainable development in supply chains". *Business Strategy and the Environment*, vol. 31, n. 1, 4 jan. 2022, pp. 46-58. Disponível em <https://onlinelibrary.wiley.com/doi/10.1002/bse.2873>. Acesso em 21/9/2023.

PEREIRA, A. B. & OLIVEIRA, J. A. *Avaliação do ciclo de vida e produção mais limpa em processos de manufatura: uma revisão bibliográfica sistemática no setor de telecomunicações*, 2018.

PHILIPPIDIS, G. *et al.* "Snakes and ladders: World development pathways' synergies and *trade-offs* through the lens of the Sustainable Development Goals". *Journal of Cleaner Production*, vol. 267, set. 2020, p. 122147. Disponível em <https://linkinghub.elsevier.com/retrieve/pii/S0959652620321946>. Acesso em 21/9/2023.

PMI. *Um guia do conhecimento em gerenciamento de projetos. Guia PMBOK®*. 7. ed. 2020.

PRADHAN, P. *et al.* "A Systematic Study of Sustainable Development Goal (SDG) Interactions". *Earth's Future*, vol. 5, n. 11, nov. 2017, pp. 1.169--1.179. Disponível em <http://doi.wiley.com/10.1002/2017EF000632>. Acesso em 21/9/2023.

PRADO, A. M. *et al.* "Simulations Versus Case Studies: Effectively Teaching the Premises of Sustainable Development in the Classroom". *Journal of Business Ethics*, vol. 161, n. 2, 14 jan. 2020, pp. 303-327. Disponível em <http://link.springer.com/10.1007/s10551-019-04217-5>. Acesso em 21/9/2023.

PRME. *Principles for Responsible Management Education*, 2022. Disponível em <https://www.unprme.org/about>. Acesso em 21/9/2023.

RAMPASSO, I. S. *et al.* "Challenges presented in the implementation of sustainable energy management via ISO 50001:2011". *Sustainability (Switzerland)*, vol. 11, n. 22, 2019.

____. "The Bioeconomy in emerging economies: a study of the critical success factors based on Life Cycle Assessment and Delphi and Fuzzy-Delphi methods". *International Journal of Life Cycle Assessment*, n. 0123456789, 2021.

RANJBARI, M. *et al.* "Three pillars of sustainability in the wake of COVID-19: A systematic review and future research agenda for sustainable development". *Journal of Cleaner Production*, vol. 297, 2021, p. 126660.

RAPOPORT, A. "Mathematical aspects of General Systems Theory". *General Systems*, vol. 11, 1966, pp. 3-11.

REIGADO, C. R. *et. al.* "A Circular Economy Toolkit as an Alternative to Improve the Application of PSS Methodologies". *Procedia CIRP*, vol. 64, 2017, pp. 37-42. Disponível em <http://dx.doi.org/10.1016/j.procir.2017.03.034>. Acesso em 21/9/2023.

REIM, W.; PARIDA, V. & ÖRTQVIST, D. "Product-Service Systems (PSS) business models and tactics – A systematic literature review". *Journal of Cleaner Production*, vol. 97, 2015, pp. 61-75.

RIECKMANN, M. "Future-oriented higher education: Which key competencies should be fostered through university teaching and learning?". *Futures*, vol. 44, n. 2, 2012, pp. 127-135.

ROORDA, N. "Auditing Instrument for sustainability in higher education". *Amsterdam: DHO Nederland*, 2001.

RUGGERIO, C. A. "Sustainability and sustainable development: A review of principles and definitions". *Science of The Total Environment*, vol. 786, set. 2021, p. 147481. Disponível em <https://linkinghub.elsevier.com/retrieve/pii/S0048969721025523>. Acesso em 21/9/2023.

RUIZ BRAVO, R. M. *Hacia una difusión cultural universitaria*. Heredia, Cultura Universitaria, 1992.

RUKANOVA, B. D. *et al. Digital Infrastructures for Governance of Circular Economy: A research agenda*, 2021a.

RUKANOVA, B. D. et al. "Extended Data Pipeline for Circular Economy Monitoring". New York, ACM, 9 jun. 2021b, pp. 551-553. Disponível em <https://dl.acm.org/doi/10.1145/3463677.3463752>. Acesso em 21/9/2023.

RYCHEN, D. S. *Competencias Clave: Abordar Desafíos Importantes En Vida*. Cambridge, Hogrefe y Huber, 2003.

SADIR, M. A.; BIGNOTTO, M. M. & LIPP, M. E. N. "*Stress* e qualidade de vida: influência de algumas variáveis pessoais". *Paideia (Ribeirão Preto)*, vol. 20, n. 45, abr. 2010, pp. 73-81. Disponível em <http://www.scielo.br/scielo.php?script=sci_arttext&pid=S0103-863X2010000100010&lng=pt&tlng=pt>. Acesso em 21/9/2023.

SAHIN, O. et al. "Developing a Preliminary Causal Loop Diagram for Understanding the Wicked Complexity of the COVID-19 Pandemic". *Systems*, vol. 8, n. 2, 18 jun. 2020, p. 20. Disponível em <https://www.mdpi.com/2079-8954/8/2/20>. Acesso em 21/9/2023.

SAKAO, T. & LINDAHL, M. "A method to improve integrated product service offerings based on life cycle costing". *CIRP Annals – Manufacturing Technology*, vol. 64, n. 1, 2015, pp. 33-36. Disponível em <http://dx.doi.org/10.1016/j.cirp.2015.04.052>. Acesso em 21/9/2023.

SAKAO, T.; RÖNNBÄCK, A. Ö & SANDSTRÖM, G. Ö. "Uncovering benefits and risks of integrated product service offerings – Using a case of technology encapsulation". *Journal of Systems Science and Systems Engineering*, vol. 22, n. 4, 2013, pp. 421-439.

SAMPAIO, J. H. "Política nacional de extensão: referenciais teórico-práticos para sua construção". *In*: CALDERÓN, A. I. (org.). *Ação comunitária: uma outra face do ensino superior brasileiro*. São Paulo, Olho d'Água, 2004, pp. 13-25.

SANTINI, C. "Ecopreneurship and Ecopreneurs: Limits, Trends and Characteristics". *Sustainability*, vol. 9, n. 4, 25 mar. 2017, p. 492. Disponível em <http://www.mdpi.com/2071-1050/9/4/492>. Acesso em 21/9/2023.

SANTOS, J. C. & SANTOS, M. L. C. "Descrevendo o *stress*". *Principia*, vol. 12, 2005, pp. 51-57.

SCHALTEGGER, S. & WAGNER, M. "Sustainable entrepreneurship and sustainability innovation: categories and interactions". *Business*

Strategy and the Environment, vol. 20, n. 4, maio 2011, pp. 222-237. Disponível em <https://onlinelibrary.wiley.com/doi/10.1002/bse.682>. Acesso em 21/9/2023.

SCHOPP, K.; BORNEMANN, M. & POTTHAST, T. "The Whole-Institution Approach at the University of Tübingen: Sustainable Development Set in Practice". *Sustainability*, vol. 12, n. 3, 23 jan. 2020, p. 861. Disponível em <https://www.mdpi.com/2071-1050/12/3/861>. Acesso em 21/9/2023.

SCHUMACHER, E. F. *Small Is Beautiful: Economics As If People Mattered*. New York, Harper & Row, 1973.

SDSN. "Getting started with the SDGS in Universities: A guide for Universities, Higher Education Institutions and the Academic Sector". *Sustainable Development Solutions Network*, 2017, p. 56.

SEBESTYÉN, V. *et al.* "Network model-based analysis of the goals, targets and indicators of sustainable development for strategic environmental assessment". *Journal of Environmental Management*, vol. 238, maio 2019, pp. 126-135. Disponível em <https://linkinghub.elsevier.com/retrieve/pii/S0301479719302476>. Acesso em 21/9/2023.

SETÓ-PAMIES, D. & PAPAOIKONOMOU, E. "Sustainable Development Goals: A Powerful Framework for Embedding Ethics, CSR, and Sustainability in Management Education". *Sustainability*, vol. 12, n. 5, fev. 2020, p. 1.762.

SHAWE, R. *et al.* "Mapping of sustainability policies and initiatives in higher education institutes". *Environmental Science & Policy*, vol. 99, fev. 2019, pp. 80-88.

SHIDELER, J. C. & HETZEL, J. *Introduction to Climate Change Management: Transitioning to a Low-Carbon Economy*. Springer Nature, 2021.

SHIH, L. H. & CHOU, T. Y. "Customer concerns about uncertainty and willingness to pay in leasing solar power systems". *International Journal of Environmental Science and Technology*, vol. 8, n. 3, 2011, pp. 523-532.

SIGMA PROJECT. *The Sigma Guidelines: Putting sustainable development into practice – a guide for organizations*, 2003.

SILVA, D. A. L. *et al.* "The environmental impacts of face-to-face and remote university classes during the COVID-19 pandemic". *Sustainable Production and Consumption*, vol. 27, jul. 2021, pp. 1.975-1.988.

SILVA, M. S. T. & TORRES, C. R. O. "Alterações neuropsicológicas do estresse: contribuições da neuropsicologia". *Revista Científica Novas Configurações – Diálogos Plurais*, vol. 1, n. 2, 2020, pp. 67-80.

SMITH, A. *Teoria dos sentimentos morais ou ensaio para uma análise dos princípios pelos quais os homens naturalmente julgam a conduta e o caráter, primeiro de seus próximos, depois de si mesmos*. São Paulo, Martins Fontes, 1999.

SONG, W.; NIU, Z. & ZHENG, P. "Design concept evaluation of smart product-service systems considering sustainability: An integrated method". *Computers and Industrial Engineering*, vol. 159, n. 37, 2021, p. 107485. Disponível em <https://doi.org/10.1016/j.cie.2021.107485>. Acesso em 21/9/2023.

SONG, W. & SAKAO, T. "A customization-oriented framework for design of sustainable product/service system". *Journal of Cleaner Production*, vol. 140, 2017, pp. 1.672-1.685. Disponível em <http://dx.doi.org/10.1016/j.jclepro.2016.09.111>. Acesso em 21/9/2023.

SOUSA-ZOMER, T. T. & CAUCHICK-MIGUEL, P. A. "Sustainable business models as an innovation strategy in the water sector: An empirical investigation of a sustainable product-service system". *Journal of Cleaner Production*, vol. 171, 2018, pp. S119-S129. Disponível em <https://doi.org/10.1016/j.jclepro.2016.07.063>. Acesso em 21/9/2023.

STANTON, G. R. "Marcus Aurelius, Emperor and Philosopher". *Historia: Zeitschrift Für Alte Geschichte*, vol. 18, n. 5, 1959, pp. 570-587.

SUNDIN, E.; LINDAHL, M. & IJOMAH, W. "Product design for product/service systems: Design experiences from Swedish industry". *Journal of Manufacturing Technology Management*, vol. 20, n. 5, 2009, pp. 723-753.

TAKALA, T. "Plato on Leadership". *Journal of Business Ethics*, vol. 17, n. 7, 1998, pp. 785-798.

TAN, A. R. *et al.* "Strategies for designing and developing services for manufacturing firms". *CIRP Journal of Manufacturing Science and*

Technology, vol. 3, n. 2, 2010, pp. 90-97. Disponível em <http://dx.doi.org/10.1016/j.cirpj.2010.01.001>. Acesso em 21/9/2023.

TELES, F. et al. "Sustainability measurement of product-service systems: Brazilian case studies about electric car-sharing". *International Journal of Sustainable Development and World Ecology*, vol. 25, n. 8, 2018, pp. 721-728. Disponível em <https://doi.org/10.1080/13504509.2018.1488771>. Acesso em 21/9/2023.

TIMES HIGHER EDUCATION. *Impact Ranking*, 2022. Disponível em <https://www.timeshighereducation.com/impactrankings>. Acesso em 21/9/2023.

TKACHENKO, O. & DANILENKO, A. "Confidentiality of Users' Data in Modern Messengers". *Digital Platform: Information Technologies in Sociocultural Sphere*, vol. 2, n. 2, 20 dez. 2019, pp. 184-192. Disponível em <http://infotech-soccult.knukim.edu.ua/article/view/187730>. Acesso em 21/9/2023.

TROTTER, I. M.; DA CUNHA, D. A. & FÉRES, J. G. "The relationships between CDM project characteristics and CER market prices". *Ecological Economics*, vol. 119, nov. 2015, pp. 158-167.

TUKKER, A. "Eight types of product-service system: Eight ways to sustainability? Experiences from suspronet". *Business Strategy and the Environment*, vol. 13, n. 4, 2004, pp. 246-260.

____. "Product services for a resource-efficient and circular economy – A review". *Journal of Cleaner Production*, vol. 97, 2015, pp. 76-91. Disponível em <http://dx.doi.org/10.1016/j.jclepro.2013.11.049>. Acesso em 21/9/2023.

U-MULTIRANK. *2021 World University Rankings – Compare Universities & Colleges*, 2022. Disponível em <https://www.umultirank.org/>. Acesso em 21/9/2023.

UN GENERAL ASSEMBLY. *Transforming Our World: the 2030 Agenda for Sustainable Development*, 2015.

UNEP. *Guidelines for Social Life Cycle Assessment of Products*, 2009. Disponível em <https://www.unep.org/resources/report/guidelines-social-life-cycle-assessment-products>. Acesso em 21/9/2023.

UNEP/SETAC. *Life Cycle Management: A business guide to sustainability*, 2007. Disponível em <https://www.unep.org/resources/report/life-cycle-management-business-guide-sustainability>. Acesso em 21/9/2023.

UNESCO. *Indicadores Temáticos para Monitorear la Agenda de Educación 2030*. Madrid, [s. n.], 2015.

UNFCCC. *The Mechanisms Under the Kyoto Protocol: Emissions Trading, the Clean Development Mechanism and Joint Implementation*, 2015.

_____. *CDM Project*, 2022.

UNITED NATIONS. *The 17 Goals*. UN – Department of Economic and Social Affairs, 2020.

_____. *Social Development for Sustainable Development*. UN – Department of Economic and Social Affairs, 2021.

VAN SETERS, D. A. & FIELD, R. H. G. "The Evolution of Leadership Theory". *Journal of Organizational Change Management*, vol. 3, n. 3, 1 mar. 1990, pp. 29-45. Disponível em <https://www.emerald.com/insight/content/doi/10.1108/09534819010142139/full/html>. Acesso em 21/9/2023.

VEGTER, D.; VAN HILLEGERSBERG, J. & OLTHAAR, M. "Supply chains in circular business models: processes and performance objectives". *Resources, Conservation and Recycling*, vol. 162, nov. 2020, p. 105046. Disponível em <https://linkinghub.elsevier.com/retrieve/pii/S0921344920303633>. Acesso em 21/9/2023.

VELAZQUEZ, L.; MUNGUIA, N. & SANCHEZ, M. "Deterring sustainability in higher education institutions: An appraisal of the factors which influence sustainability in higher education institutions". *International Journal of Sustainability in Higher Education*, vol. 6, n. 4, 2005, pp. 383-391.

VERRECCHIA, R. E. "Essays on disclosure". *Journal of Accounting and Economics*, vol. 32, n. 1-3, dez. 2001, pp. 97-180.

WAAGE, J. et al. "Governing the UN Sustainable Development Goals: interactions, infrastructures, and institutions". *The Lancet Global Health*, vol. 3, n. 5, maio 2015, pp. e251-e252. Disponível em <https://

linkinghub.elsevier.com/retrieve/pii/S2214109X15701129>. Acesso em 21/9/2023.

WEBER, J. M. *et al.* "Teaching sustainability as complex systems approach: a sustainable development goals workshop". *International Journal of Sustainability in Higher Education*, vol. 22, n. 8, 17 dez. 2021, pp. 25-41. Disponível em <https://www.emerald.com/insight/content/doi/10.1108/IJSHE-06-2020-0209/full/html>. Acesso em 21/9/2023.

WEBER, M. *Ensaios de sociologia*. Rio de Janeiro, Guanabara, 1981.

WEINERT, F. E. "Concept of competence: A conceptual clarification". *In:* RYCHEN, D. S. & SALGANIK, L. (org.). *Defining and Selecting Key Competencies*. Göttingen, Hogrefe & Huber Publishers, 2001, pp. 45-65.

WILKINS, E. G. *The Delphic Maxim in the Literature*. Boston, Chicago University Press, 1929.

WORLD BANK. *World Bank Database*. World Bank, Washington, 2020.

WORLD COMMISSION ON ENVIRONMENT AND DEVELOPMENT. *Our Common Future*. Oxford, Oxford University Press, 1987.

YANG, J. *et al.* "The chain mediation effect of spiritual leadership on employees' innovative behavior". *Leadership & Organization Development Journal*, vol. 42, n. 1, 10 nov. 2020, pp. 114-129. Disponível em <https://www.emerald.com/insight/content/doi/10.1108/LODJ-10-2019-0442/full/html>. Acesso em 21/9/2023.

YANG, M. & EVANS, S. "Product-service system business model archetypes and sustainability". *Journal of Cleaner Production*, vol. 220, 2019, pp. 1.156-1.166. Disponível em <https://doi.org/10.1016/j.jclepro.2019.02.067>. Acesso em 21/9/2023.

YANG, X. *et al.* "Emotional design for smart product-service system: A case study on smart beds". *Journal of Cleaner Production*, vol. 298, 2021, p. 126823. Disponível em <https://doi.org/10.1016/j.jclepro.2021.126823>. Acesso em 21/9/2023.

YARIME, M. & TANAKA, Y. "The Issues and Methodologies in Sustainability Assessment Tools for Higher Education Institutions: A Review of Recent Trends and Future Challenges". *Journal of Education for Sustainable Development*, vol. 6, n. 1, fev. 2012, pp. 63-77.

YEARWORTH, M. "Sustainability as a 'super-wicked' problem; opportunities and limits for engineering methodology". *Intelligent Buildings International*, vol. 8, n. 1, 2 jan. 2016, pp. 37-47. Disponível em <http://www.tandfonline.com/doi/full/10.1080/17508975.2015.1109789>. Acesso em 21/9/2023.

YIN, R. *Case Study Research: Design and Methods*. Thousand Oaks, Sage, 2003.

ŽALĖNIENĖ, I. & PEREIRA, P. "Higher Education For Sustainability: A Global Perspective". *Geography and Sustainability*, vol. 2, n. 2, 2021, pp. 99-106.

ZAMORA-POLO, F. et al. "What do university students know about sustainable development goals? A realistic approach to the reception of this UN program amongst the youth population". *Sustainability (Switzerland)*, vol. 11, n. 13, 2019, pp. 1-19.

ZHANG, B. et al. "The clean development mechanism and corporate financial performance: empirical evidence from China". *Resources, Conservation and Recycling*, vol. 129, 2018, pp. 278-289.

ZHENG, P. et al. "A systematic design approach for service innovation of smart product-service systems". *Journal of Cleaner Production*, vol. 201, 2018, pp. 657-667. Disponível em <https://doi.org/10.1016/j.jclepro.2018.08.101>. Acesso em 21/9/2023.

ZILBOVICIUS, M.; PIQUEIRA, J. R. C. & SZNELWAR, L. I. "Complexity engineering: New ideas for engineering design and engineering education". *Anais da Academia Brasileira de Ciências*, vol. 92, n. 3, 2020.

SOBRE OS AUTORES

Adriana Bin é professora da Universidade Estadual de Campinas, graduada em Engenharia de Alimentos e com mestrado e doutorado em Política Científica e Tecnológica pela mesma universidade.

Antônio Carlos Pacagnella Júnior, engenheiro mecânico pela Universidade Estadual de Campinas, é professor dessa mesma universidade. É mestre em Administração de Organizações pela Universidade de São Paulo e doutor em Engenharia de Produção pela Universidade Federal de São Carlos.

Bruno Brandão Fischer é professor da Universidade Estadual de Campinas. É graduado em Administração pela Universidade do Vale do Rio dos Sinos, com mestrados em Agronegócios pela Universidade Federal do Rio Grande do Sul e em Economia e Gestão da Inovação pela Universidad Autónoma de Madrid, Espanha, e doutorado em Economia e Gestão da Inovação pela Universidad Complutense de Madrid, Espanha.

Daniel Henrique Dario Capitani é professor da Universidade Estadual de Campinas. Tem bacharelado, mestrado e doutorado em Economia pela Universidade de São Paulo.

Gustavo Hermínio Salati Marcondes de Moraes é professor da Universidade Estadual de Campinas. É graduado em Administração pela Universidade de Sorocaba, com mestrado e doutorado em Administração pela Escola de Administração de Empresas de São Paulo, da Fundação Getúlio Vargas.

Izabela Simon Rampasso é professora da Universidad Católica del Norte, Chile. Possui bacharelado em Ciências Econômicas pela Pontifícia Universidade Católica de Campinas e mestrado e doutorado em Engenharia Mecânica pela Universidade Estadual de Campinas. Possui mais de 60 artigos publicados em revistas internacionais. Atualmente, desenvolve pesquisas sobre sustentabilidade, ensino de engenharia e temas relacionados à gestão de sistemas produtivos.

Jefferson de Souza Pinto é professor do Instituto Federal de São Paulo. Tem graduação em Administração de Empresas pela Universidade São Francisco, é mestre e doutor em Engenharia Mecânica pela Universidade Estadual de Campinas.

José Guimón é professor associado da Universidad Autónoma de Madrid e assessor técnico no Ministério de Ciência e Inovação do governo da Espanha. É economista formado pela Universidade Deusto, Espanha, com mestrado em Engenharia de Produção pela Cornell University, Estados Unidos, e doutorado em Economia e Gestão da Inovação pela Universidad Autónoma de Madrid, Espanha.

Lucas Veiga Ávila é professor na Universidade Federal de Santa Maria. É administrador pela Universidade Regional Integrada do Alto Uruguai e das Missões e mestre e doutor em Administração de Empresas pela Universidade Federal de Santa Maria.

Marco Antonio Figueiredo Milani Filho é professor associado da Universidade Estadual de Campinas. É graduado em Ciências Econômicas pela Universidade Presbiteriana Mackenzie, com mestrado e doutorado em Controladoria e Contabilidade pela Universidade de São Paulo.

Maribel Guerrero é professora associada da Newcastle Business School, Universidade de Northumbria, Reino Unido, e da Universidad del Desarrollo, Chile, e pesquisadora associada da Universidade de Lund, Suécia. É doutora em Empreendedorismo e Gestão de Pequenas Empresas e mestre em Pesquisa em Economia Empresarial pela Universidad Autónoma de Barcelona, Espanha.

Muriel de Oliveira Gavira é professora associada da Universidade Estadual de Campinas. É graduada em Administração pela Universidade Federal do Mato Grosso do Sul, com mestrado em Engenharia de Produção pela Universidade de São Paulo e doutorado em Política Científica e Tecnológica pela Universidade Estadual de Campinas.

Paola Rücker Schaeffer é pós-doutoranda na Escola de Gestão e Negócios da Universidade do Vale do Rio dos Sinos e professora na Universidade de Rio Verde. É doutora em Política Científica e Tecnológica pela Universidade Estadual de Campinas com período sanduíche na Utrecht University, Holanda, mestre em Administração na área de inovação, tecnologia e sustentabilidade pela Universidade Federal do Rio Grande do Sul, e graduada em Administração – Gestão para Inovação e Liderança, pela Universidade do Vale do Rio dos Sinos.

Paulo Hayashi Jr. é professor da Universidade Estadual de Campinas. É graduado em Administração pela Universidade Estadual de Londrina, com mestrado em Administração pela Universidade Federal do Paraná e doutorado em Administração pela Universidade Federal do Rio Grande do Sul.

Paulo Sérgio de Arruda Ignácio é professor da Universidade Estadual de Campinas. É graduado em Engenharia de Produção Mecânica pela Universidade Metodista de Piracicaba, com mestrado profissional e doutorado em Engenharia Civil, ambos pela Universidade Estadual de Campinas.

Rosley Anholon é professor na Universidade Estadual de Campinas. Tem experiência em sistema de gestão sustentável, educação para o desenvolvimento sustentável e temas relacionados à gestão empresarial. Possui bacharelado, mestrado e doutorado em Engenharia Mecânica pela Universidade Estadual de Campinas e mais de 120 publicações em periódicos internacionais. Atualmente, desenvolve pesquisas em parceria com outros grupos de pesquisa no Brasil, na Alemanha, no Canadá, no Reino Unido e no Chile.

Tiago Fonseca Albuquerque Cavalcanti Sigahi é pesquisador colaborador na Universidade Estadual de Campinas e professor adjunto da Universidade Federal de Alfenas. É doutor em Engenharia de Produção pela Escola Politécnica da Universidade de São Paulo, mestre em Engenharia de Produção e engenheiro de produção pela Universidade Federal de São Carlos, com período sanduíche na University of Regina, Canadá.

Título	Sustentabilidade e gestão
Organizadores	Rosley Anholon e Gustavo Hermínio Salati Marcondes de Moraes
Coordenação Editorial	Ricardo Lima
Secretário gráfico	Ednilson Tristão
Preparação dos originais	Matheus Rodrigues de Camargo
Revisão	Vinícius E. Russi
Editoração eletrônica	José Severino Ribeiro
Design de capa	Estúdio Bogari
Formato	14 x 21 cm
Papel	Avena 80 g/m^2 – miolo
	Cartão supremo 250 g/m^2 – capa
Tipologia	Times New Roman
Número de páginas	200

ESTA OBRA FOI IMPRESSA NA GRÁFICA COPIART
PARA A EDITORA DA UNICAMP EM OUTUBRO DE 2023.